전통사회 남사당패 성립에 대한
민속예능사적 연구

-사당패, 절걸립패, 남사당패의 관계를 중심으로-

손태도

서울대 사범대 국어교육과 졸업
서울대 인문대 국어국문학과 석·박사
(서울대) 한국문화연구소 연구원
한국예술종합학교 객원교수
현재: 호서대학교 교수
전자우편: sontaedo@hanmail.net

저서: 『광대 집단의 문화 연구① 광대의 가창 문화』
        ; 2004년 대한민국학술원 우수학술도서
      『전통 구비문학과 근대 공연예술 Ⅰ·Ⅱ·Ⅲ』(공저)
        ; 2008년 대한민국학술원 우수학술도서
      『우리 무형문화재의 현장에 서서』
        ; 2009년 대한민국학술원 우수학술도서
      『한국의 전통극, 그 새로운 연구로의 초대』
        ; 2014년 대한민국학술원 우수학술도서
      『고전문학의 향유와 교육』(공저)
        ; 2022년 대한민국학술원 우수학술도서 외

전통사회 남사당패 성립에 대한 민속예능사적 연구

–사당패, 절걸립패, 남사당패의 관계를 중심으로–

초판 인쇄   2021년 8월 20일
2쇄 발행   2023년 7월 20일

지 은 이   손태도
펴 낸 이   박찬익

펴 낸 곳   **박이정**
주   소   경기도 하남시 조정대로45 미사센텀비즈 8층 F827호
전   화   031-792-1195
팩   스   02-928-4683
홈페이지   www.pijbook.com
이 메 일   pijbook@naver.com

등   록   2014년 8월 22일 제2020-000029호

ISBN   979-11-5848-647-1 (93380)

* 책값은 뒤표지에 있습니다.

전통사회 남사당패 성립에 대한
민속예능사적 연구

-사당패, 절걸립패, 남사당패의 관계를 중심으로-

손태도 지음

㈜박이정

표지 설명: 추석놀이에서의 남사당 무동타기(1935년)
　　　　국립민속박물관, 『석남 송석하; 영상 민속의 세계 -연희편』, 2004, 131쪽.

일러두기

  : '*' 표시 다음의 내용은 저자의 설명임

이 저서는 2018년 대한민국 교육부와 한국연구재단의 지원을 받아 수행된 연구임
(NRF-2018S1A5B5A 07074426)

　2018년 남사당패에 대한 본격적인 조사연구를 하려 할 때만 하더라도 약간의 가능성에 기대를 걸었다. 해방 후에 남사당패가 복원되었으니, 그것을 본 노인분들이 더러 있지 않을까 하는 것이었다. 그러나 해방 후의 남사당패 공연은 주로 포장무대의 방식으로 이뤄졌기에, 이 가능성은 거의 없었다. 또 이 조사가 마을의 경로당들을 돌며 조직적으로 하는 것이 아니라, 기존의 조사연구들을 바탕으로 그러한 사람들이 있으리라는 곳에 대한 조사였기에, 이러한 실제 남사당패 공연을 관객으로 본 사람들을 직접적으로 찾을 가능성도 거의 없었다. 그래서 사실상 4년간의 조사에도 단 한 명도 전통적인 남사당패 공연을 본 사람을 찾지 못했다.

　지금에라도 그러한 사람들이 있다면, 꼭 필자에게 알려 주었으면 감사하겠다.

　이러한 현장 조사의 장벽 속에 필자가 할 수 있었던 것은 기존의 조사연구들을 뒤지는 일밖에 없었다. 그러나 아무리 기존의 조사연구들을 뒤지고, 관련 문헌 기록들을 찾아도, 어떠한 엄두도 낼 수 없었다. 시간이 갈수록 더욱 그러했다.

　마지막에 이르러 급기야 동아대 이훈상 님, 전남도립대 사은영 님 등 주위 사람들에게 도움을 요청했다. 그때 사은영 님이 히로시마대 윤광봉 님께 도움을 요청해 보라 했다. 필자는 평소 존경하고 여러 일들로 자주 뵙기는 했지만, 직접 찾아뵙지는 못한 윤광봉 님을 찾아뵙고 그 사정을 말씀드렸다. 윤광봉 님은 충남대 황인덕 님이 낸『전승문화의 기반탐구』(2019) 속에 있는 송순갑 님(1911~2001) 면담조사 자료를 보여주셨다. 송순갑 님은 앞서 이소라 님이 1990년에 세 차례에 걸친 조사로 그 면담 내용이 정리되어 있는데, 1998년 황인덕 님의 여섯 차례에 걸친 조사로 그 내용이 송순갑 님의 말을 대체로 그대로 적는 직접 채록의 방식으로 자료화되어 있었던 것이다.

그 실제적이고 생생한 내용으로 그동안 이뤄진 다른 조사연구자들의 조사연구도 생생히 되살아났다.

2000년경 이보형 님이 '남사당은 남사당패의 무동인 남자아이를 여장(女裝)시켜 만든 것'이라는 중요한 말씀과 평소 필자가 개인적으로 갖고 있었던 의문인 마을과 마을을 유랑하며 다니던 남사당패가 과연 줄타기 같은 공연 등을 할 수 있었을까 하는 많은 문제들이 일시에 해결되는 듯했다.

이에 이 책이 나오게 되었다.

우선 필자의 면담조사에 응해 주시고 각종 도움들도 주신 윤한병 님, 고(故) 심우성 님, 이걸재 님, 김용래 님, 전남 완도 금당도 차우리 마을 김일 이장님께 감사드린다.

그리고 송순갑 님에 대한 전면적인 조사 후 그것을 자료화해 두신 황인덕 님, 이에 이를 수 있게 한 윤광봉 님, 각종 도움말들을 주신 이훈상 님, 사은영 님께도 감사드린다.

또 전번 『해동유요 –영인본』(공저, 2020) 발간 때도 온갖 공을 드려 좋은 책을 만들어 주신 유동근 님이 이번에도 거듭된 내용 수정에도 능숙하게 가다듬어 멋진 책을 만들어 주셨다. 언제나 필자를 도와주시기만 하는 박이정출판사의 박찬익 사장님과 함께 깊은 감사를 드린다.

심우성 님의 『남사당패 연구』(1974) 이후 또 하나의 '남사당패 연구'를 하여 기쁘다.

이 책을 평생 민중과 민속 속에 살아 호(號)도 없는 '무호자(無號子)' 고(故) 심우성 님과 과거, 현재, 미래의 모든 남사당패 분들께 바친다.

2021년 8월 30일
손태도 삼가 씀

1.

머리말

100년 정도의 남사당패의 역사다.

경복궁 중건 공사가 시작된 1865년 4월 이후 남사당패가 성립되고, 1953년 사실상 마지막 남사당패였다라고 할 수 있는 남운룡패가 동년 3월 대구에서 마지막 공연을 하였으니, 실제 100년 정도의 역사인 것이다.

남사당패는 1930년대 후반에 사라지기 시작했고, 1945년 8·15 해방 이후에는 주로 포장무대[1] 공연을 했다. 그러므로 종래처럼 시장터나 마을과 마을을 돌아다니며 판놀이를 벌이던 전통적 남사당패를 본 사람들은 오늘날 거의 찾아보기 힘들게 되었다. 1930년대의 남사당패의 공연을 보고 기억할 만한 사람은 적어도 1920년대에는 출생해야 되고, 그럴 경우 이들은 모두 현재 90세 이상이기 때문이다. 또 1930년대이면 남사당이 사라져 갈 때이니, 공연들도 많이 이뤄지지 않았기 때문이다. 앞으로 10년 정도 지나면 전통적 남사당패를 본 사람을 만나는 것은 완전히 불가능해지는 것이다.

그러나 남사당패와 관계해서는 아직도 해결되지 않은 여러 가지 문제들이 남아 있다. 남사당패이니 사당패와 분명 일정한 관계에 있다. 그 관계는 과연 어떠한 것인가?

---

[1] 흔히 '포장굿'이라 하는데, '굿'이란 말로 오해의 여지가 있어, 여기서는 '포장무대'라 하기로 한다.

또 사당패와 분명 일정한 관계가 있는데, 사당패의 공연 종목은 판염불, 산타령, 각종 타령 등 소리 위주이고, 남사당패의 주 공연 종목은 풍물이며 오늘날의 남사당패는 각종 타령류의 노래도 부르지 않으니, 이것을 또한 어떻게 이해할 것인가?

그리고 남사당패는 과연 언제쯤 시작되었는가?

이에 대해 1960년 이후 남운룡패를 복원하며 남사당패 생존자들을 통한 실제적인 조사연구를 통해 사실상 남사당패 연구의 결정판이라 할 수 있는『남사당패 연구』(동화출판사, 1974)를 낸 심우성은 막상 다음과 같이 말한다.

> 남사당패란 1900년 초 이전에 있어서 서민층의 생활군단(生活群團)에서 자연발생적 또는 자연발전적으로 생성한 민중놀이집단을 일컫는 이름이다.[2]

그의 조사 결과, 1900년대 초 이전의 자료가 나오지 않자, 이렇듯 1900년 초 이전에 남사당패는 성립되었다고 한 것이다. 그리고 남사당패는 우리 민족의 유래와 같이 생겨났다고 볼 수 있는데, 구체적으로는 유랑 예인 집단에 대한 기록이 나오는 신라시대 이전부터 있었을 것이라 했다.[3] 하나의 역사적 집단으로서의 남사당패에 대한 실제적인 조사연구를 하지 않은 것이다.

또 남사당패 자체에 대해서는 다음처럼 말했다.

> 남사당패란 우리의 오랜 역사에서 민중 속에서 스스로 형성, 연희되었던 유랑예인집단을 일컫는 것으로 그 배경은 말할 것도 없이 민중적 지향을 예술로써 승화하여 온 진보의 구성으로 보아야 할 것이다.
> 그것은 반인적 자연과 인성에 대한 대립적 존재로서 민중의 실생활사, 정신사와 같은 맥락을 갖는 것이다.[4]

---

2) 심우성, 『남사당패 연구』, 동문선, 1974:1989, 25쪽.
3) 위의 책, 26쪽.

하나의 역사적 집단으로서의 남사당패보다는 남사당패와 관계해서 그가 가진 이상적 민속예능 집단으로 남사당패를 본 것이다.

그래서 이 집단을 풍물, 버나(접시돌리기), 땅재주, 줄타기, 탈놀이, 인형극 등 우리나라의 대표적 전통 민속예능들을 모두 다 하는 우리나라의 대표적 전통 민속예능 집단으로 만들고자 했다.

그리고 남사당패 자체 내에서의 숫동모, 암동모, 일반인들(대개 머슴들)을 상대로 한 여장(女裝)한 무동(舞童)의 계간(鷄姦)을 파는 일 등과 같은 사실상 이 집단의 특성을 가장 잘 드러내 주어, 이 집단의 성격을 제대로 밝힐 수 있는 것 등에 대해서는 다음과 같이 말하며 그냥 넘어가고자 했다.

> 그들의 형성 배경에 대한 사소한 부정적 이견들은 가시덤불의 민중사를 통찰해 보면, 뜨거운 애정으로 감싸질 화사첨족(畵蛇添足)에 불과한 것이라 하겠다.5)

그러나 그동안 다른 연구자들의 주목할 만한 조사연구들도 이어져 왔다.

> 옛날에 진도에는 전문 예능 집단인 남사당패가 상당히 많이 들어왔었다고 한다. 그들은 주로 오일시와 읍내에서 공연을 벌였다. 남사당패들은 유랑집단이기 때문에 그들의 노래에서 어떤 특정한 지방색을 찾아낸다는 것은 무리이고 오히려 진도의 토속 민요에 영향을 주어 토속 민요가 변질되는 요인이 되기도 하였다.6)

이를 이어 다음과 같은 연구가 나오게 된다.

---

4) 위의 책, 1974:1989, 32쪽.
5) 상동.
6) 진회숙, 「진도들노래에 관한 연구」, 서울대 국악과 석사논문, 1985, 72쪽.

이옹(*이덕순. 1986년 당시 91세)에 의하면 진도에 왔던 남사당패는 열댓 명쯤의 청장년의 남자들로만 구성되었고 어린남자를 사당, 어른남자를 거사라고 불렀다고 한다. 이들이 노래를 부를 때는 반드시 소고를 치면서 연행하였고, 그 외의 연희로는 줄타기와 땅재주를 보여주기도 했다고 한다.7)

이러한 조사연구들을 따르면, 진도에 온 남사당패들은 어린 남자가 사당, 어른 남자가 거사가 되어 소고를 두들기며 사당패처럼 노래를 부른 것이다. 이 경우 남사당패는 남자아이를 여장(女裝)시켜 사당으로 만들어 사당패처럼 노래를 부르는 집단이 아니었을까란 생각을 할 수 있다.

이러한 진도 외에도 전남 신안군 금당도 차우리 마을에는 이미 1880년에 남사당이 다녀갔다는 기록이 있다는 보고가 나왔다.

차우리 동계는 남사당(男士黨)과 가객(歌客)을 걸혜(乞惠)하였다. 금당도에 남사당과 가객이 출입한 시기는 1880년으로 확인되며, 이후 1886년·1892년·1897년·1902년·1905년 기사에서도 발견된다……남사당과 가객 관련 항목이 동계에서 거론되고 있다는 것은 그만큼 금당도 차우리의 인적·물적 기반이 조성된 상태였음을 미루어 짐작케 한다.8)

이를 이어 이경엽은 진도에서 '다시래기'라 하여 동네에서 초상(初喪)이 나면 남자들이 사당과 거사로 꾸며 사당패 노래를 부르고 여러 놀이도 하듯, 전남 신안군 비금도의 죽림리, 한산리, 지도리, 도초도의 고란리, 지남리, 한발리 등 여러 섬 마을들에서 '밤달애놀이'라 하여 동네에서 초상(初喪)이 나면 사당과 거사로 꾸미고 다음처럼 노래를 부른다고 하였다.

---

7) 반혜성, 「진도 마당놀이요(謠)에 관한 연구 -남사당패와의 관련성 여부를 중심으로-」, 서울대 국악과 석사논문, 1988, 5쪽.
8) 김경옥, 「조선후기 금당도 이주민의 입도(入島)와 봉산운영(封山運營), 『도서문화』 17, 목포대 도서문화연구소, 2001. 2., 25쪽.

사당과 거사라고 하여 두 패가 늘어서서 소고를 치며 앞으로 나오고 뒤로 물러서며 노래를 불렀다고 하는데 이러한 연행 형태는 사당패의 그것과 비슷하다.[9]

그리고 이들을 지역주민들은 '남사당패'라고 하고 그 우두머리도 '모개비'라[10] 한다 했다.[11] 이에 이경엽은 이러한 신안 일대의 이른바 '남사당패놀이'가 원래의 남사당패에서 나왔다는 것을 조사할 수는 없었으나 그럴 가능성이 많고, 초기의 남사당패의 공연 방식이 이와 같지 않았을까 추측했다.[12]

한편 이보형은 일찍부터 남사당패의 여장한 남자아이 무동이 '사당' 곧 '남사당'임을 말해 왔다.[13] 그리고 논문을 통해 그것을 다음과 같이 말했다.

한편 <u>여자인 사당이 사회적 제약으로 충당하기 어렵게 되자 이를 소년으로 대치하면서 남사당패(男社黨牌)라 일렀는데</u> 남사당패로 있었던 양도일, 송순갑 노인들의 증언에 의하면 남사당패는 점점 불교와 연관성이 없어지고 흥행 위주 공연을 행하게 되면서 남도 남사당패는 속가를 주 공연종목으로 하면서 순수 불교적인 염불은 잊었던 것 같다. <u>이런 남사당패들이 퍼뜨린 속가가 전라도 신안과 진도, 제주도 성읍, 경상도 거제, 등지에서 채록되고 있다.</u>[14]

남사당패가 불교적인 염불을 잊고 속가를 주로 불렀다는 것은 경기지역 등의 사당패는 판염불을 부른 뒤 산타령 등으로 넘어가고, 호남지역 등의 사당패는 보렴을[15] 부른

---

9) 이경엽, 「도서지역의 민속연희와 남사당노래 연구 -신안 남사당노래의 정착 과정을 중심으로」, 『한국민속학』 제33집, 한국민속학회, 2001, 249쪽.
10) '모갑(某甲)'은 사당패의 우두머리다.
11) 위의 글, 248쪽.
12) 위의 글, 236쪽.
13) 필자도 2000년경 이 말을 들었다.
14) 이보형, 「조선말기 사찰(寺刹) 밖의 불교음악 개관」, 『한국전통음악학』 제6호, 한국전통음악학회, 2005, 496쪽.
15) '보시염불(布施念佛)'의 준말이다.

뒤 화초사거리 등으로 넘어가는데, 남사당패들이 사당패 노래를 부르며 이러한 판염불이나 보렴보다 산타령, 화초사거리 등을 주로 부르게 되었다는 것을 말한 것이다. 이보형은 양도일과 송순갑의 증언들을 통해 남사당패가 사당패와 같은 활동을 한 것을 조사했다. 그리고 여기에서 남자아이인 무동을 여장시켜 이른바 '남사당'으로 만들었다는 것을 말한 것이다.

다음처럼 남사당패의 무동은 분명히 여장을 하였다.

[그림 1] 남사당패의 무동타기1
부산박물관 학예연구실, 『사진엽서로 보는 근대 풍경기 6』, 민속원, 2009, 371쪽.

삼팔저고리 삼팔바지 동그란 궁둥이 넘
어로 검은 머리채 치렁치렁 세월이자라
기름이 도라 분(粉)칠한 얼골의 검정눈섭이
제법 사르르 감기면

조명암, 〈남사당〉 연작시(1922년 전에 본 남사당) 중 〈소고(小鼓)춤〉[16]

상념(想念)이 둘은 이 슬픔의 안개는
호젓한 고독(孤獨)의 <u>분(粉)냄새를 흐터노니</u>

나는 <u>홍의(紅衣)를 입고 초립(草笠)</u>을 쓰고
지나간 길목을 직히리다
　　　조명암, 〈남사당〉 연작시 중 〈풍속(風俗)〉[17]

나는 <u>얼굴에 분칠을 하고</u>
삼단같은 머리를 땋아 내린 사나이

초립에 쾌자를 걸친 조라치들이
날라리를 부는 저녁이면
<u>다홍치마를 두르고 나는 향단이가 된다.</u>
　　　노천명, 〈남사당〉(1940)

　그리고 오늘날 남아 있는 무동 사진들을 통해서도 그들이 여장을 했음을 알 수 있다. 심지어 오늘날의 남사당패 풍물의 무동도 머리에 수건을 쓰고 붉은 치마를 입고 있어, 과거 무동의 여장의 그것을 나름대로 잇고 있는 것을 볼 수 있다.

　이러한 여장한 무동을 '남사당'으로 데리고 사당패와 같은 공연을 하였기에, 이들을 '남사당패'라 부른 것이다.

　그러나 심우성은 1960년 이후 '남사당패'에 대해 조사연구하면서도 막상 이러한 '남사당'에 대해서는 그렇게 따지고 들지 않았고, 양도일 등을 통해 과거의 남사당패들이

---

16) 전영주, 「조명암의 '남사당'연작시 연구」, 『국어국문학』 제161호, 국어국문학회, 2012. 8. 541쪽.
17) 위의 글, 549쪽.

산타령 등을 부르기도 했다는 이야기를 들은 것 등은 다음처럼 간단히 처리했다.

[그림 2] 오늘날 남사당의 무동들
머리에 수건을 쓰고, 붉은 치마를 입어
여자아이의 모양을 한다.
심우성 글, 송복화 사진, 『남사당놀이』, 2000,
70쪽

> 이제라도 이름마저 내기를 꺼려하는 몇 분이 협조적으로 자료를 제보한다면 아직 밝혀지지 않고 있는 남사당패의 〈선소리〉 등이 발굴되지 않을까 한다.[18]

> '남사당패'는 꼭두쇠(우두머리)를 정점으로 풍물(농악), 버나(접시돌리기), 살판(땅재주), 어름(줄타기), 덧뵈기(탈놀이), 덜미(인형극 꼭두각시놀음) 등 여섯 놀이(옛날에는 '소리판', '요술' 등도 있었음)을 가지고.[19]

그는 남사당패의 실상에 제대로 접근할 수 있었던 이러한 남사당패의 사당패 소리들에 대해 더 이상 들어가지 않은 것이다.

송순갑(1911~2001)은 3살 때 고아가 되어 어렸을 때부터 동네 주변의 풍물에서 무동을 타다 7세 때 양아버지인 임상호를 따라 경남 진주로 내려가 이우문이 쌍줄타기패에 들어간다. 이후 그는 소리 위주의 남사당패, 포장무대 공연패, 협률사, 풍물 위주의 남사당패, 낭걸립패, 절걸립패 등 평생을 전통 공연예술 단체들에서 활동했다. 그러한 그가 1990년 이소라의 세 차례에 걸친 조사에서 다음과 같은 내용의 말을 증언했다.

---

18) 심우성, 앞의 책, 1974:1989, 44쪽.
19) 심우성, '(기획2: 조선후기 사회변동과 예술) 남사당패', 『역사비평』, 역사비평사, 1993. 11., 362쪽.

> 원남사당은 무동아이들이 소고를 들고 여럿이 나와 춤추고 노래하는 형태였다.
> 구경꾼들 모이게 할려고 사물(四物) 악기를 쳤으나 본격적인 풍장을 치진 않았다.
> 구경꾼들이 엽전주면 엽전받고 했지 걸립다니진 않았다.[20]

이같은 내용의 말은 황인덕의 여섯 차례에 걸친 송순갑에 대한 전면적인 면담조사에서 분명한 형태로 밝혀졌다.[21]

그가 10세 정도인 1920년경 당시 그의 양아버지인 임상호가 15명 정도의 단원을 꾸려 '남사당 한 번 하자'며 남자아이들을 여장시켜 남사당으로 꾸미고 어른 3명이 소고를 치며 소리를 메기면 남사당으로 꾸민 아이들도 소고를 치고 춤을 추며 후렴을 받았다는 것이다. 그리고 간단한 풍물과 무동타기도 있었다는 것이다. 송순갑은 그것이 마지막 남사당패라 했다. 그리고 그 이후의 남사당패는 풍물을 위주로 하는 걸립패에 해당한다 했다.

그래서 조사자 황인덕은 그러한 송순갑이 한 1920년경의 남사당패를 '원남사당패'라 했다.[22]

그리고 송순갑은 남운룡패는 풍물을 위주로 하고 인형극 정도만 했지, 줄타기와 땅재주는 하지 않았다고 했다. 그것은 거기서 땅재주를 한 자신이 잘 안다고 했다.

이러한 송순갑을 통해 이른바 '원남사당패'를 조사하고, 그 이후의 걸립 곧 풍물 위주의 남사당패를 조사한 황인덕은 심우성이 1960년 이후 복원된 남운룡패가 풍물, 버나(접시돌리기), 땅재주, 줄타기, 탈놀이, 인형극 등 여섯 종목을 했다는 것에 대해 다음과 같이 말했다.

---

20) 이소라 편저, 『대전웃다리농악』, 대전직할시, 1991, 61쪽.
21) 황인덕, '대전지역의 유랑 연희인 -송순갑'의 생애와 연희사적 의의', '유랑 연희인 송순갑 구술담', 『전승문화의 기반탐구』, 충남대출판문화원, 2019.
22) "송옹(*송순갑)이 알기로는 원남사당패는 6, 70년(*1990년 증언) 전에 없어졌다." 이소라 편저, 앞의 책, 61쪽.
"(청자(*황인덕)): 그 원 남사당패는 어떻게 생겼는지 그 말씀 좀 들려주세요." 황인덕, 앞의 책, 540쪽.

당시의 남사당패의 구성과 연희에 있어 여자와 같이 분장하고 쾌자를 입은 유소년들이 기생들처럼 노래를 부르는 연희과정이 – 이를 '보라'라고 한다 – 전체 연희에서 중요한 구실을 했다고 한다……이로써 보면 심우성이 남사당패의 연희 종목을 재구성하면서 이 부분을 빠뜨리고 풍물·버나·살판·어름·덧뵈기·덜미 여섯 가지만을 고정된 종목처럼 나열하고 있음은 남사당패의 역사적 실체와는 어긋나는 자의적인 규정임을 알게 한다. 송순갑의 증언에 따르면 남사당패의 고정 연희종목은 위와 같이만 정해져 있는 것도 아니며, 종목의 수가 고정성을 띤 것도 아니다.23)

그리고 이러한 여섯 가지 놀이를 한 남사당패가 전통사회 대표적인 민속예능 집단이었다는 심우성의 시각과 관계해서도 다음과 같이 말했다.

남사당패는 지난 시대 유랑 연희집단을 통칭하는 것으로 볼 수 없다는 사실이 확인된다는 점 또한 중요하다. 남사당패가 놀았던 연희가 남사당패가 성립되고서 나온 것이 결코 아니며, 남사당패 활동을 통하여 그들의 연희 기량이 특별히 발달한 것도 아니다. 또한 남사당패 활동을 했던 연희패들이 남사당패를 연희패의 이상으로 삼았던 것도 아니다. 그것은 공연 연희로 발전해간 과정에서 특징적인 하나의 현상을 보여준 것일 뿐이다. 이러한 변화 과정상의 현상을 그것대로의 모습에 충실하게 이해하는 것이 남사당패에 대한 바른 접근임을 이해하는 것이 중요하다.24)

민속예능사적 과정에서 일정하게 출현한 남사당패를 역사적으로 한 특수한 집단으로 바라보아, 그것을 그 실체대로 논의해야 된다는 것이다. 심우성이 말한 남사당패는 하나의 역사적 집단이 아니라, '남사당패'와 관계해서 심우성이 갖게 된 한 이상적 집단이었음을 말한 것이다.

---

23) 황인덕, 위의 책, 258쪽.
24) 위의 책, 259쪽.

지금까지의 조사연구들로 볼 때, 남사당패는 남자아이를 여장시켜 '남사당'을 만들어 사당패의 공연을 흉내 내었던 예능집단이었음이 분명하다. 남사당패의 원래 모습이 확인된 것이다.

그런데 여기서 또 하나의 의문이 생긴다. 그러한 남사당패가 왜 생기게 된 것일까라는 것이다. 이에 대해서는 필자가 1865년 4월부터 이뤄진 경복궁 중건 공사장에 거사, 사당으로 이뤄진 사당패들의 공연이 이뤄져, 한때 사당패의 공연이 각광받았던 시대가 있었음을 논했다.[25]

상하귀쳔 다모히니/ 형형식식 우슈도다
화랑이 술 춤츈거동/ 쥬정군의 미친거동
져기츠고 노는거동/ 잡가타령 쉬는거동
터닥는딕 지쳠소릭/ 셩 밧홀제 휜군소릭
ᄉ방팔면 광딕노름/ 쳔틱만상 거ᄉ노름
예거아도 그거동/ 제보아도 이거동
온갖ᄉᄅᆷ 다모히니/ 각싴풍뉴 드러왓다
무당픽 드러오니/ 제금중 무슈ᄒ다
광딕픽 드러오니/ 장고북이 무슈ᄒ고
긔ᄉ픽 드러오니/ 소고도 무슈ᄒ고
션소릭 두세놈의/ 쉬놀고 소릭ᄒᄂᆡ
각군졸 화답ᄒ니/ 원근이 요란ᄒ다
잠시을 쉬지안코/ 엇지그리 한ᄉᄒ며
잠간도 홍치아니ᄒ고/ 엇지그리 지성이냐
장악원 조흔풍유/ 여민동낙 ᄒ야보소
구경군 가득ᄒ니/ 데졀노 즈시ᄂᆞ며[26]

---

25) 졸고, 「조선 후기 연희의 소통과 향유」, 『한국전통공연예술학』, 제3집, 한국전통공연예술학회, 2014. 348~352쪽.

그래서 이후 이러한 사당패를 흉내 낸 '남사당패'가 성립된 것이다.

또 이러한 사당패와 남사당패의 관계에 있어, 사당패와 달리 후대의 남사당패는 왜 오늘날과 같은 풍물 위주의 공연을 하게 되었을까?

이 점에 대해서도 필자는 앞서 조선 후기 광범위하게 이뤄진 절걸립패의 맥락에서 이러한 남사당패가 성립되었기 때문이라 했다.[27]

절걸립패는 절걸립이 끝나면 해산되는 것이지만, 조선시대 말에는 절걸립이 끝나도 갈 데가 없는 사람들이 있게 되었다. 이들은 사당이 있는 거사들과는 다르지만, 역시 절 주변에 있으며 사당패의 거사들과 함께 절걸립도 다니기에, 넓게 보면 같은 집단이라 할 수 있다. 그래서 사당패의 공연이 경복궁 중건 때의 각광으로 급부상하자, 이들도 그들의 풍물에 이미 들어와 있던 남자아이인 무동들을 여장시켜 사당으로 만들어 곧 남사당으로 만들어, 자신들도 사당패처럼 사당패의 소리를 부르며 공연을 나섰다. 이것이 바로 진도 사람들이 시장터에서 자주 보고, 송순갑이 직접 활동하기도 했던 소리 위주의 원래의 남사당패들인 것이다.

이후 필자는 조선시대 말에는 절 주변이나 산속에 있는 집단으로 종래의 거사패 곧 사당패 외에도 다음과 같은 풍물계통의 '나기(儺技)패'도 있었다는 기록을 더 찾게 되었다.

> 지금 백정(白丁), 창우(倡優), 나기(儺技), 거사(去四) 등 많은 보잘것없는 백성들이 있는데, 백정과 창우는 그래도 본업을 가지고 있다고 할 수 있지만, 그 나머지는 모두 용맹을 좋아하여 죽음을 가벼이 여기면서 일정한 일과 거주지 없이 폐허가 된 사찰이나 깊은 골짜기에 모여 사는 자들로, 뛰어난 기예를 갖고 있는 동시에 온갖 악도 모두 갖추고 있습니다. 이들은 혹 흉년이나 근심스런 일이 생

---

26) 장대원, 「경복궁 중건에 대하여」, 『향토서울』 제16호, 서울특별시사편찬위원회, 1963, '부록: 〈경복궁창건가〉', 69~70쪽.

27) 졸고, 「조선 후기 절걸립패 풍물의 성립과 그 풍물사적 의의」, 『문화재』 제50권 1호, 국립문화재연구소, 2017, 111쪽.

겼을 때에 악행을 저지를 우려가 있으니, 나라에서 예사로이 내버려 두어서는
안 됩니다.
『승정원일기』, 고종 19년(1882) 11월 19일(신축)

이러한 '나기(儺技)패'의 '나(儺)'는 이른바 '구나(驅儺)할 나'로 꽹과리 등의 타악기들로 두드리며 잡귀잡신들을 몰아내는 것을 말한다. 그러므로 '나기(儺技)패'는 풍물계통의 집단을 말하는 것이다. 그래서 이와 같은 풍물계통의 집단이 사당패를 흉내 내어 남사당패로 나섰다가, 이후 조선이 망해 가며 한때 한말의 대표적 공연물이었던 사당패 공연이 쇠퇴하여 사라져 가자, 그러한 사당패를 흉내 냈던 남사당패들도 종래의 사당패 소리 외에 자신들이 할 수 있었던 풍물 등을 확대해 나간 것이다. 그래서 적어도 송순갑의 양아버지 임상호가 이미 사라진 소리 위주의 남사당패를 복원해 보기도 했던 1920년 무렵부터는 이들 남사당패의 주요 공연물이 풍물이 되어 갔던 것이다. 그리고 이 마을 저 마을을 찾아다니며 과거에 절걸립 때와 비슷한 풍물 활동들을 하게 된 것이다. 그래서 1920년대 이후의 남사당패들을 송순갑은 대개의 경우 그냥 '걸립패'라 했던 것이다.

1920년대 이후의 풍물 위주의 남사당패는 풍물 외에도 인형극 등 자신들이 할 수 있는 공연 종목들을 가능한 한 갖추어 절걸립 때처럼 마을과 마을을 찾아다니며 판놀이를 벌이는 이른바 '판놀이걸립'을 다녔을 것이다. 이에 심우성이 남사당패의 공연 종목이라 한 풍물, 버나(접시돌리기), 땅재주, 줄타기, 탈놀이, 인형극 등 여섯 종목들에 있어 줄타기와 땅재주는 당연히 원래 남사당패의 공연 종목이 아니었음을 먼저 말해 둘 필요가 있다. 이 종목들은 원래 광대집단 사람들의 주요 공연 종목들이기 때문이다.

국가적 행사로서의 산대희 같은 데서 쌍줄타기, 솟대타기, 외줄타기, 땅재주, 접시돌리기, 구슬들 던져받기 등을 했던 광대들은[28] 민간의 잔치에서 외줄타기와 땅재주를

---

28) 졸저, '제2장 광대 집단의 존재와 의의', 『광대 집단의 문화 연구 ① 광대의 가창 문화』, 집문당, 2003, 45쪽.

[그림 3] '광대 줄타고'의 광대줄타기
광대줄타기에는 악사들이 동원된다.
조흥윤 글, 『그림으로 본 19세기 한국풍속과 민중의식
'기산풍속도'』, 완자무늬, 2000, 96쪽.

주로 했다.

조선 후기 송만재는 '나라의 풍속에 등과하면 반드시 광대를 불러 잔치를 벌이지만, 자신은 집이 가난하여 아들이 진사에 합격하였지만 그러한 잔치를 열지 못한다고 하며, 그 잔치 내용을 시(詩)로 대신'한[29] 〈관우희(觀優戲)〉(1843) 50수를 지었다. 이를테면, 이 〈관우희〉는 당시 과거 급제자 등의 축하 잔치 내용들을 온전히 갖추어 작품화한 것이다. 그런데 〈관우희〉 50수는 '1~8수: 영산(靈山, 판소리 단가들), 9~20수: 타령(打令, 판소리 12마당), 21~35수: 긍희(絚戲, 줄타기), 36~42수: 장기(場技, 땅재주), 43~50수: 총론'으로 되어 있다.[30] 줄타기와 땅재주가 민간 잔치들에서 광대들의 대표적 공연 종목들이었고, 판소리가 성립된 뒤에는 이러한 판소리도 이들 공연 종목들과 함께 공연된 것이다. 근대 이후에도 환갑잔치 같은 민간의 잔치에서도 역시 기생(妓生)들의 가무(歌舞)와 함께 이러한 광대들의 판소리, 줄타기, 땅재주 등이 이뤄졌다.

그런데 이렇게 남사당놀이 같은 데도 줄타기, 땅재주 등이 들어가기도 했던 것은 남사당패가 조선시대 말 이래로 하나의 공연집단이 되어 활동하자, 이러한 기예능을 지닌 광대들이 이 집단에도 어느 정도 들어갔기 때문이다. 오늘날 원래 광대집단계통 사

---

29) 國俗登科 必畜倡 一聲一技 家兒今春聞喜 顧甚貧不能具一場之戲而聞九街鼓笛之風 於此興復不淺 放其聲態 聊倡數韻 屬同社友和之 〈관우희(觀優戲)〉, '발문(跋文)'

30) 졸저, 앞의 책, 2003, 395쪽.

람들로 남사당패에 들어가 활동하기도 했던 사람들로 알려진 사람들은 한성준, 김덕순, 조갑철, 이동안, 김종완의 조부, 김태삼의 형, 김태삼, 김태삼의 아들 등이다.[31]

이러한 광대집단 사람들은 전통사회 하나의 공식적인 민속예능 집단으로 전래의 주요한 민속예능들을 대부분 전승하고 있었기에, 원래 풍물과 인형극 정도를 했던 남사당패들에게 상당히 중요한 영향들을 끼쳤을 것이다. 그래서 남사당패의 공연이 때로는 우리나라의 대표적 전통 공연물이 될 수도 있었던 것이다.

그러나 이러한 광대집단계통 사람들은 그들의 기예능을 남사당패 공연 외에 다른 곳에서도 얼마든지 보여 줄 수 있었기에, 벽지(僻地) 마을들을 돌며 하룻저녁 숙식(宿食) 정도나 해결하고 약간의 수입 정도를 가지는 평소의 판놀이걸립 남사당패에는 참여하지 않았을 것이다. 그러므로 시장터나 난장, 세시 놀이, 마을굿이나 고을굿 같은 이른바 축제적 장소 등에는 남사당패와 광대집단계통 사람들이 일정하게 관계를 맺고 공동으로 공연하기도 했겠지만, 마을과 마을을 도는 평소의 남사당패는 이러한 줄타기나 땅재주는 갖추기 힘들었을 것이다. 그들이 가능한 다른 공연물들을 갖추어 그들의 장기인 풍물과 함께 공연했을 것이다.

남사당패에 대한 연구에는 이러한 남사당패와 광대집단과의 관계도 다루어야 한다.

이러한 남사당패에 대한 이제까지의 연구사를 볼 때, 남사당패에 대한 제대로 된 연구는 이제 시작되었다 할 수 있다.

그리고 이제까지 남사당패의 실체 등에 대한 부분적인 조사연구들이 제대로 살아나 이 정도의 연구라도 하게 된 것은 황인덕의 송순갑에 대한 전면적인 면담조사 때문이었다 할 수 있다.

이제 남사당에 대한 제대로 된 한 연구를 시작해 보자.

---

31) '제4장 1920·30년대 남사당패' 중 '줄타기와 땅재주' 부분 참조.

2.

조선시대 말 남사당패 성립의 사회문화사적 배경

조선시대에 탄압받던 불교계는 임진왜란 때 승려들이 의승(義僧)으로서의 참가 후 국가로부터 일정한 인정을 받게 되었다. 이러한 불교계가 이후 광범위하면서도 오랫동안 하여 온 것은 임란 때 소실되거나 파괴된 사찰 등을 재건하는 일이었다. 이러한 불교계의 활동은 상당 부분 다음과 같은 절걸립패의 활동에 의해 이뤄졌다.

전남 해남 대흥사:

동속(東俗)에서는 혹 매구(埋鬼)라고 말하고 또는 초나(俏儺)·타귀(打鬼)·금고(金鼓. 일명 걸립(乞粒), 일명 걸공(乞工))이라 말하니, 이 금고(金鼓)의 출입이 오로지 우스게짓이라 승려(僧侶)가 할 만한 일이 아닌 것이다.

……

대성공위주(大成功爲主)하야 두재모립(頭載毛笠)하고 신착채의(身着彩衣)하야 주부군현(州部郡縣)과 제각사찰(諸各寺刹)을 주유행걸(周遊行乞)이다가

『설나규식(設儺規式)』(숙종 무렵)[32]

---

32) 황도훈, 『전(傳), 서산대사 진법군고 -해남 전통민속 발굴보고서』, 해남문화원, 1991, 21·43쪽.

경남 남해 화방사:

(전략) 이에 사중(寺中)이 모두 모여 젊은이 뜻을 밝히고 큰 소리로 발원(發願)하여, "우리들은 집을 잃은 사람들이다. 유자(儒者)는 성인을 사모하고 치인(緇人)은 부처를 숭상하나니, 이는 본디 공자(孔子)와 석씨(釋氏)가 성품이 같으면서도 길이 다른 것이다. 그런즉 우리에게 법당(法堂)이 없으면 누구를 모실 것인가?" 하였다. 이에 대서특필한 스물다섯 글자 중에서 매귀(埋鬼)의 교묘함으로 대업황제궁(大業皇帝宮)의 금수(錦繡)의 장식을 재단하여 무동(舞童)에게 입혀서 북을 쳐서 쟁인(錚人)들을 내보내고, 장삼을 걸친 화주승(化主僧) 자감(自甘)은 인인군자(仁人君子) 앞에서 앞장하여 권선(勸善)하고, 현승(賢僧) 민색(敏賾)은 또 동서남북의 마을마다 차수(叉手)하여, 공은 흙 한 삼태기에서 비롯하여 여덟 길 높이 쌓도록 꾀하였고, 새는 작은 나뭇가지를 물어다가 또 큰 바다를 메울 것을 기약하였도다.

　　　'망운사 화방사 중창서, 1744년, 1767년 개서(改書)'[33]

전남 장흥 보림사:

1787년(건륭 52, 정조 11) 정미 2월 일 - 밤중에 우연히 실화가 되어 대동료(大同寮) 매화당(梅花堂)과 절 안에 각 요사가 모조리 재가 되어 그 참담함을 말로 형언할 수 없었다. 그러나 선사(先師) 서우(胥宇)가 가꾸어 놓은 터전을 그렇다고 이대로 영원히 폐할 수 없다 하고, 기유년(1789) 봄 정장(正裝)으로 금고(金鼓)를 발하니 좌우 양도에서 구재(鳩財)를 건립하고, 또한 그 절에서 지냈던 승과 살았던 사람들이 힘을 다해 재물을 거두어, 수년에 걸쳐 이자를 불려 신해년(1791) 봄에 일을 시작하여 그해 가을 7월에 마치니

　　　'보림사중창기'[34]

---

33) 김무조 엮음, 『화방사지』, 보문, 2006, 75쪽. '송기태, 「전남 남해안지역 절걸립패의 활동 및 성격 고찰」, 『남도민속연구』 제13집, 남도민속학회, 2006, 233쪽'에서 재인용.

34) 김희태·최인선·양기수 역주, 『역주 보림사중창기』, 장흥문화원, 2001, 113쪽. '송기태, 위의 글, 232쪽'에서 재인용.

경북 구미 대둔사:

정오에 소를 타고 신풍진(新楓津)을 건너 대둔사(大芚寺)에 갔다. 해가 이미 저물어 하룻밤을 머물렀는데 <u>이 절의 승려 삼십여 명이 풍물(風物)을 갖추고 십팔 일 동안 마을을 돌며 곡식을 얻어가지고 오늘 비로소 절로 돌아왔다.</u>

노상추, 『노상추일기』, 임술(1802) 11월 29일(병신)[35]

경남 창원 백련사:

창원(昌原) 광산(匡山)의 백련사(白蓮寺)의 스님인 하은(荷隱), 경담(鏡潭), 대성(大成)이 <u>걸공사(乞功事)</u>로 관청 마당에서 먼저 한 번 놀면 모든 읍을 두루 다닐 수 있게 된다고 간청하니, 나는 민폐를 끼칠까 염려하여 허락하지 않았다.

오횡묵, 『함안총쇄록』, 1890년 정월 26일(정묘)[36]

그 결과 조선시대 말에는 사찰 주변에는 거사와 사당으로 이뤄진 거사패 외에도 절 걸립패계통의 '나기(儺技)'란 풍물집단이 성립되어 있었다.

지금 백정(白丁), 창우(倡優), <u>나기(儺技)</u>, 거사(去四) 등 많은 보잘것없는 백성들이 있는데, 백정과 창우는 그래도 본업을 가지고 있다고 할 수 있지만, 그 나머지는 모두 용맹을 좋아하여 죽음을 가벼이 여기면서 일정한 일과 거주지 없이 폐허가 된 사찰이나 깊은 골짜기에 모여 사는 자들로, 뛰어난 기예를 갖고 있는 동시에 온갖 악(惡)도 모두 갖추고 있습니다. 이들은 혹 흉년이나 근심스런 일이 생겼을 때에 악행을 저지를 우려가 있으니, 나라에서 예사로이 내버려 두어서는 안 됩니다.

『승정원일기』, 고종 19년(1882) 11월 19일(신축)[37]

---

35) 午余騎牛 渡新楓津 往大芚寺 日已暮止宿 寺僧三十餘名 具風物乞谷村間十八日 而今日始還寺云 夜風 '김정헌, 「'농악(農樂)'과 '풍물(風物)'의 타당성 검토와 '농악(農樂)' 비판에 대한 반론」, 「문화재」 제42권 제4호, 국립문화재연구소, 2009, 103쪽'에서 재인용.

36) 함안문화원, 『경상도함안군총쇄록 상』, 2003, 818쪽.

37) 今有白丁 倡優儺技去四等許多莠民 而白丁倡優 猶云執業 其餘皆好勇輕死 無業無所 聚散於廢寺長谷 百技俱勝 而亦

절걸립은 승려들이나 절 주변의 사람들에 의해 이뤄지고, 절걸립이 끝나면 해산되는 것이다. 그런데 조선시대 말에 이르면 원래의 절걸립이 끝나도 흩어지지 않고 다른 절걸립을 찾아보거나 그들이 할 수 있는 또 다른 일을 모색하는 이른바 '나기(儺技)패'란 풍물계통의 새로운 집단이 생겨나 사찰 주변이나 산속에 모여 살았던 것이다.

그런데 1965년 4월 13일부터 경복궁 중건 공사가 시작되고,[38] 이 공사는 일반 백성들의 자발적 참여라는 명분을 앞세워 이뤄져, 일반 백성들의 자발적 참여를 많이 권장하고 동시에 그러한 백성들을 격려, 위로하기 위한 많은 공연물들이 경복궁 공역(公役) 현장에 갖춰지거나 허용되었다. 그런데 이때 참으로 의외의 일이 벌어졌다. 경복궁 공사장에 종래 관(官)의 단속 대상이 되기도 하여 숨어다니며 공연하던 사당패들의 공연이 이뤄진 것이다.

조선시대에는 이른 시기부터 다음과 같은 화랑(花娘)·유녀(遊女) 단속법이 있었다.

예조에서 아뢰기를……이제 '유녀(遊女)'라 칭하고 혹은 '화랑(花娘)'이라 칭하며 음란한 짓을 제멋대로 하니, 이를 금제(禁制)하는 조목을 다음과 같이 기록합니다.

<u>화랑과 유녀가 음란한 짓을 하여 이득을 꾀하고, 승려와 속인이 서로 즐겨 괴이하게 여기지 아니하여</u>, 남녀의 도를 어지럽게 하여 강상(綱常)을 훼손하는 자는 소재지의 수령, 만호, 찰방(察訪), 역승(驛丞)으로 하여금 엄중하게 규찰하게 하여 범한 자는 범간율(犯奸律)에 한 등(等)을 더하여 논죄하고, 양가(良家)의 여자와 중은 영원히 잔읍(殘邑)의 노비로 삼는다.

『성종실록』, 3년 7월 10일(을사)[39]

百惡俱備者也 如或荒年虜時 不無嘯惡之慮 固不可尋常置之而已

38) 경복궁은 1865년 4월에 시작되어 1867년 12월에 1차 완공이 이뤄져, 이듬해에 고종이 경복궁으로 이어(移御)하였으며, 1872년 9월에 최종 완공된다.

39) 禮曹啓……今也呼稱遊女或稱花娘 淫縱自恣 其禁制之目 具錄于後 一花娘遊女 淫縱謀利 僧俗相說 不以爲怪 亂男女之道以毀綱常 令所在官 守令萬戶察訪驛丞加糾 摘犯者 於犯奸律 加一等 論其良家女及僧人永屬殘邑 奴婢『성종실록』, 3년 7월 10일(을사)

[그림 4] '사당 판놀음하는 모양'의 사당패
조흥윤 글, 『그림으로 본 19세기 한국풍속과 민중의식
'기산풍속도'』, 완자무늬, 2000, 102쪽.

그리고 1800년대의 경우에는 다음처럼 대체로 이 법은 사당패의 사당에 적용되었다.

화랑과 유녀란 것을 살피건대, 지금 그러한 명칭은 없다. 지금 걸사(乞士)[머리를 기른 승려]와 사당이 두루 다니며 매간(賣姦)하면 항상 이 법을 적용한다.
정약용, 『목민심서』(1818)40)

거사와 사당은 조선 전기 불교가 탄압받으며 절들이 없어지는 과정에서 생겨나기 시작해 점차 문제가 된 집단인데, 조선 후기에 이르러 이들은 종래의 불교적 행사보다 판염불, 산타령 등 대중적 공연물도 부르고 사당은 매춘까지도 하였기에, 매간(賣姦) 시 이들은 적발의 대상이 되다시피 되었다. 그래서 이들은 사람들이 많은 시장터나 관 (官)의 힘이 미치기 어려운 섬과 같은 벽지(僻地)들을 숨어다니며 주로 공연을 했다. 숨어다니는 공연들을 한 것이다. 그런데 이러한 사당패가 다음처럼 경복궁 공사장과 같은 궁궐터에서 공공연히 공연을 한 것이다.

상하귀쳔 다모히니/ 형형식식 우슈도다
화랑이 술 츔츈거동/ 쥬졍군의 미친거동
져기츠고 노는거동/ 잡가타령 쒸는거동

40) 按花郎遊女 今無此名 今之乞士[有髮僧]優婆周流賣姦者 常用此法 정약용, 『목민심서』, 형전 '금폭(禁暴)'

터닥 닉 디 지쳠소리/ 셩 밧홀제 횐군소리

슈방팔면 광디노름/ <u>쳔틱만상 거스노름</u>

예거아도 그거동/ 제보아도 이거동

온갖소릭 다모히니/ 각식풍뉴 드러왓다

무당픽 드러오니/ 졔금중 무슈ᄒ다

광디픽 드러오니/ 장고북이 무슈ᄒ고

<u>긔스픽 드러오니/ 소고도 무슈ᄒ고</u>

션소릭 두세놈의/ 쒸놀고 소릭ᄒ뉘[41]

각군졸 화답ᄒ니/ 원근이 요란ᄒ다

잠시을 쉬지안코/ 엇지그리 한스ᄒ며

잠간도 홍치아니ᄒ고/ 엇지그리 지셩이냐

장악원 조혼풍유/ 여민동낙 ᄒ야보소

구경군 가득ᄒ니/ 데졀노 즈시ᄂ며

국소의 틍심이며/ 네졀노 한스ᄒ며

······

을튝 ᄉ월 넘오일(*1865년 4월 25일)[42] 구경ᄒ고 미말 소신은 대강 긔록 ᄒ오니

보시ᄂ니 웃지마오십읍[43]

---

41) 이러한 '선소리 산타령'은 시장터 같은 데서 사당패들이 부르는 것을 듣고 배운 일반사람들이 부르던 소리이
다. 오늘날에는 사당패계통의 사람들은 없어졌고, 이들에게 산타령 등을 배운 일반 사람들의 소리는 이어져,
오늘날에도 '선소리 산타령'이란 이름으로 전승되고 있다. 그 대표적인 것인 국가 중요무형문화재 제19호 '선
소리 산타령'이다. 이는 서울지역의 선소리 산타령이다.

42) 이날 고종이 경복궁 공사장에 행행(行幸)했다.

43) 장대원, 「경복궁 중건에 대하여」, 『향토서울』 제16호, 서울특별시사편찬위원회, 1963, '부록: 〈경복궁챵건
가〉', 69~71쪽, 81쪽.
이러한 이른바 〈경복궁중건가〉는 이 외에도 〈경복궁가(景福宮歌)〉, (가칭)〈경복궁영건가(景福宮營建歌)〉,
〈경복궁영단가(景福宮詠短歌)1〉, 〈경복궁영단가(景福宮詠短歌)2〉 등이 있는데, 그 내용은 거의 같다. 고순
희, 「〈경복궁영건가(景福宮營建歌)〉 연구」, 『고전문학연구』 제34집, 한국고전문학회, 2008. 12.

사당패는 거사와 사당으로 구성되어 있었고, 사당이 한 명이 소리를 메기면 소고를 든 여러 거사들이 앞뒤로 오가며 후렴을 부르기에, 이 집단과 관계해서 '천태만상 거사 놀음', '거사패 들어오니/ 소고도 무수하고' 등의 말들을 한 것이다.

이에 이와 같은 일과 관계해 다음과 이야기를 하기도 한다.

> "삼각산제일봉에 봉학이 넌즛 안젓구나. 학의 등에 터를 닥고 학의 나래에 집을 지니. 둥구재, 만리재는 청룡이요 왕십리, 낙산은 백호로다……"
> ……
> <u>이노래는 당시 대원군이 경복궁을 중건할 때에 공사에 복역하는 일반관리(一般 官吏)와 역부(役夫)를 위안고무(慰安鼓舞)하기 위하여 예(例)의 영웅적 기풍으로 천 하가의 가기무동(歌妓舞童)을 크게 모집하야 삼삼오오로 대(隊)를 편성하고 공사장 에 가입(加入)하야 이노래를 부르게 한 것이다</u>……다만 역부(役夫)만 위로할 뿐 안 이라 일시동인지하(一視同仁之下)에 가기무동(歌妓舞童)도 또한 독려위안(督勵慰安) 하기 위하여 관작까지 주엇스니 궁중의 영우배(伶優輩)가 위계(位階)를 가지게 되 고 심지어 녹빈홍안(綠鬢紅顔)의 궁중 예기(藝妓)까지 주먹가튼 옥관자(玉冠子)를 복색조흔 수탉의 면두 모양으로 떡떡 부치고 아장아장 거러다니게 된것도 이때부 터 된것이엿다.(1927. 1.)
> 청오(靑吾), '이백만의 역부(役夫)·팔백만원의 민재(民財) 회갑을 맞는 경복궁 -민 원(民怨)의 대궐과 대원군이약이', 『별건곤』 제13호, 1927. 1. 1, 14~15쪽)

그리고 이때 유명했던 사당이 바우덕이었다. 그래서 이 경복궁 공사에서의 바우덕이 와 관계해서 다음과 같은 여러 이야기들이 전해진다.

> 양(梁)씨가 40명 당원(黨員) 중 일원(一員)이었을 때의 모가비(企劃 담당 頭目)는 '이(李)경화'(姓名漢字를 아무도 모른다)와 '안성(安城)복만이', 이들의 바로 전(前) 두목이었던 '<u>바우덕이</u>'(金岩德? 여자)가 경복궁(景福宮) 중수식에서도 하도 춤을 잘

추어 대원군(大院君)이 손을 잡아주었다 해서 손을 명주에 싸고 다녔다는 일화를 전하는 양(梁)씨는 "그래도 대원군(大院君)께서 손을 잡으셨다 해서 아무도 같이 살기를 두려워하더니 이(李)경화가 바로 바우덕이의 남편(男便)이었다"고 설명하였다.

'자취 감춘지 30여년 만에 무대에 오르는 광대탈 -양도일 옹-',

〈동아일보〉(1968. 2. 17.)44)

이운선(李雲仙)은 진위패(振威牌) 남사당의 곰뱅이쇠였던 바 그에게서 사사한 이경화(振威牌, 덧뵈기쇠)가 경기도 안성군 서운면 청룡리 청룡사를 거점으로 당시 조정까지 출입하던 사당 바우덕이(本名 金岩德)의 힘을 입어 안성 개다리(?) 패의 가열[初入者]들에게 덧뵈기를 가르쳤다(정일파(鄭一波) 구술(口述)(1960년 6월 28일) 한다.45)

동네에는 타지 사람들이 와 남사당패를 만들었는데 바우덕이와 동거했다는 이경화도 바로 그런 사람이다. 이른바 진위패의 덧배기쇠로 이름이 있던 그는 사당 바우덕이의 힘을 얻어 안성 개다리패의 가열(초보자)들에게 덧배기를 가르쳤다.

바로 여기서(청룡리 노인정)부터 위로 한 500미터 정도 올라가면 불당이라는 곳이 있는데 거기에 사당이 8명이 있었다. 그래서 당시 그곳을 팔사당이라 했다. 그런데 그 8명 중에서 제일 노래 잘하고 춤을 잘 춘 이가 바우덕이었다. 그런데 들은 바에 의하면 그 여자는 얼굴이 얽었고 못생겼다고 한다. 그러다가 나라에서 궁궐을 짓는데(1865년) 역사들을 위로하기 위해서 대원군이 각 고을에서 제일 노래 잘하고 춤도 잘 추는 사람을 뽑아 올리라고 했다. 그때 바로 이 바우덕이가 뽑혔던 것이다. 그리하여 궁궐에서 판을 벌이는데 일하던 역사들이 넋을 잃고 보는 바람에 신성한 곳에서 이러한 것은 좋지 않다고 간하는 사람까지 생겼다. 그러나 대원군의 고집을 꺾을 수는 없었다. 결국은 여론에 밀려 그녀를 보냈으나 그냥 돌려보내지

---

44) 정형호, 「경복궁 중건과 바우덕이의 관련성 고찰」, 『한국민속학』 제53집, 한국민속학회, 2011. 5., 178쪽.
45) 심우성, 앞의 책, 1974:1989, 130쪽.

않고 상금으로 옥관자를 내렸다고 한다. 그것은 청룡리가 양반 고을이기 때문에 그랬다는 것이다. 그리고 나서 그녀의 이름은 더 빛났던 것 같다. 그리하여 자기가 사는 불당 앞의 절을 돕기 위해 걸립을 하여 돕기도 했다……그 뒤 바우덕이가 병들어 죽고, 2년 뒤에 같이 동거했던 이경화라는 이도 이 고을을 떠나고 말았다. 그 뒤로는 이곳도 잠잠한 곳으로 변했다는 것이다.

이기선(남, 당시 70대) 증언(1993. 2. 8.)[46]

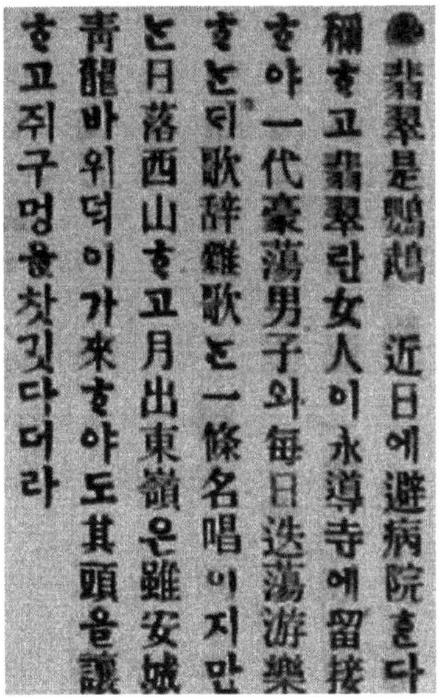
◎翡翠是鸚鵡 近日에避病院ᄒᆞ다
稱ᄒᆞ고翡翠란女人이永導寺에留接
ᄒᆞ야一代豪蕩男子와每日迭蕩游樂
ᄒᆞᄂᆞᆫᄃᆡ歌辭雜歌ᄂᆞᆫ一條名唱이지만
ᄂᆞᆫ日落西山ᄒᆞ고月出東嶺은雖安城
青龍바위덕이가來ᄒᆞ야도其頭을讓
ᄒᆞ고쥐구멍을찻깃다더라

[그림 5] 신문에 나온 '바우덕이'의 이름 〈황성신문〉(1909. 10. 2.) 홍원의, 「사당패의 역사적 성격과 남사당패로의 전환 -안성 청룡리 사당을 중심으로-」, 안동대 민속학과 석사논문, 2016. 39쪽.

그리고 이러한 바우덕이가 실제 인물이었다는 것은 다음처럼 1909년의 신문에 그녀의 이름이 거론되는 것을 통해서 확인할 수 있다.

◎ **비취시앵무(翡翠是鸚鵡)** 근일(近日)에 피병원(避病院)ᄒᆞᆫ다 칭(稱)ᄒᆞ고 비취(翡翠)란 여인(女人)이 영도사(永導寺)에 유접(留接)ᄒᆞ야 일대(一代) 호탕남자(豪蕩男子)와 매일(每日) 질탕유락(迭蕩游樂)ᄒᆞᄂᆞᆫᄃᆡ 가사잡가(歌辭雜歌)ᄂᆞᆫ 일조(一條) 명창(名唱)이지만ᄂᆞᆫ 일락서산(日落西山)하고 월출동령(月出東嶺)은 수(雖) 안성(安城) 청룡(靑龍) 바위덕이가 내(來)ᄒᆞ야도 기두(其頭)을 양(讓)ᄒᆞ고 쥐구멍을 찻깃다더라

〈황성신문〉(1909. 10. 2.)[47]

이러한 경복궁 공사장에서의 사당패의 공연은 사당패의 주된 공연 종목 중의 하나였던 선소리 산타령에 다음과 같은 〈경복궁타령〉이 있는 것을 통해서도 확인된다.

---

46) 윤광봉, 『유랑예인과 꼭두각시놀음』, 밀알, 1994, 112쪽.

47) '홍원의, 「사당패의 역사적 성격과 남사당패로의 전환 -안성 청룡리 사당패를 중심으로-」, 안동대 민속학과 석사논문, 2016, 39쪽'에서 재인용.

〈경복궁타령(景福宮打令)〉

① 남문(南門)을 열고 파루(罷漏)를 치니 계명산천(雞鳴山川)이 밝아 온다.

   ※ 에 – 에헤이야 얼럴럴거리고 방아로다.

② 을축사월(乙丑四月) 갑자일(甲子日)(*1865. 4. 13.)에 경복궁을 이룩하세.

③ 도편수의 거동을 봐라. 먹통을 들고서 갈팡질팡한다.

④ 단산봉황(丹山鳳凰)은 죽실(竹實)을 물고 벽오동(碧梧桐) 속으로 넘나든다.

⑤ 남산(南山)하고 십이봉(十二峯)에 오작(烏鵲) 한 쌍이 훨훨 날아든다.

⑥ 왜철쭉[倭躑躅] 진달화[杜鵑花] 노간즉하니 맨드라미 봉선화가 영산홍(暎山紅)
   이로다.

⑦ 우광꿍꽝 소리가 웬 소리냐. 경복궁 짓는 데 회(灰)방아 찧는 소리라.

⑧ 조선 여덟 도(道) 유명탄 돌은 경복궁 짓는 데 주춧돌감이로다.

⑨ 우리 나라 좋은 나무는 경복궁 중건(重建)에 다 들어간다.

⑩ 근정전(勤政殿)을 드높게 짓고 만조백관(滿朝百官)이 조하(朝賀)를 드리네.

⑪ 석수장이 거동을 봐라. 망망칠 들고서 눈만 꿈벅한다.

⑫ 경복궁 역사(役事)가 언제나 끝나 그러던 가속(家屬)을 만나 볼까.

   ……

   [해설(解說)] 이 〈경복궁 타령〉은 서울 선소리의 하나로 흐늘거리고 멋있는 노래
다. 경복궁을 짓는 데의 수고로움을 잊기 위한 일종의 노작가(勞作歌)다.[48]

   이러한 사실들로 보아, 사당인 바우덕이가 정삼품 이상 당상관이나 하는 옥관자를
받았다든지, 대원군이 손을 잡아주었다든지, 하는 불분명한 부분들이 있기는 하지만,
경복궁 중건 공사 현장에서 바우덕이와 같은 사당이 참가해 대단한 각광을 받았던 것
은 분명한 사실이다.

   또 이러한 사당패의 공연 등은, 다음과 같은 논의들을 보아, 하루의 일들이 끝난 뒤
저녁 이후에도 민간에서 광범위하게 이뤄졌다.

---

48) 이창배 편저, 『한국가창대계』, 홍인문화사, 1976, 807∼808쪽.

장령(掌令) 신재관(愼在寬)이 올린 상소의 대략에,

"……삼가 지난달 그믐의 하교를 보건대, '부역(赴役)하던 백성들이 궐외(闕外)에서 시끄럽게 떠들고 있으니, 내병조(內兵曹)에 잡아들여 엄히 단속시킨 뒤 방송(放送)하도록 하라.'라고 하셨습니다. 어리석은 백성들이 상복을 입어야 할 때에[49] 그칠 줄을 모르고 가무(歌舞)하며 떠들어대고 붉고 푸른 복장을 하는 것도 천만 부당한 일인데, 이토록까지 극심하게 풍속을 무너뜨리게 하고 있단 말입니까? 이따금씩 구타하는 일이 벌어져 불화하고 반목하는 사태가 일어나고 있는데 들고 보려니 놀랍기만 합니다. 삼가 동조(東朝)에 여쭈어 은혜와 위엄을 동시에 펼치심으로써 한편으로는 자식처럼 달려와서 공사에 참여하는 뜻을 권장하시고 한편으로는 법과 명령을 무시한 죄를 징계하도록 하소서."

하니, 비답하기를,

"……이런 시기에 이런 습속이 행해지다니 정말 부당하기 그지없기에 이미 엄히 단속하여 금지시키도록 하였다. 그런데 모르겠다만 요즘에도 길거리에서 예전처럼 유희를 벌이고 있단 말인가? 규헌(糾憲)의 입장으로 말하더라도 역시 아래에서 충분히 금할 수 있을 텐데 어찌하여 소를 진달하는 일까지 하고 있단 말인가?"

하였다.

『고종실록』, 2년(1865) 5월 27일(신유)[50]

정범조가 아뢰기를,

"성상의 분부가 지당하십니다. 법궁(法宮) 중건 공사에 대해 대소 군정(群情)이 모두 기뻐 환영한 나머지 경외(京外) 방민(坊民)들이 뒤질세라 서로 다투며 일하러 나오고 있으니, 이는 참으로 서민들이 자식처럼 달려와 금새 완성시켰다고 하는 경우에 해당된다 하겠습니다. 전일 동가(動駕)하셨을 때(*1865년 4월 25일) 부역하

---

49) 1863년 12월에 철종이 붕어(崩御)하였기에, 당시는 아직 3년상(喪) 중이어서 사실상 국상(國喪) 기간이었다.

50) 掌令愼在寬疏略……竊伏見去晦下敎 役民之闕外雜鬧 捉入內兵曹 嚴飭放送 而蚩蚩之氓 不知止戢 歌舞之喧譁 服飾之朱綠 萬不當於縞素之世 傷風敗俗 至此之極 往往有毆打生梗之弊 聽聞駭愕 乞稟東朝 恩威竝施 一以勸子來之意 一以懲冒法之罪 批曰……此時此習 果係乖當 已有嚴飭禁防 作戲未知近日街巷, 依前 其在糾憲之地 亦足以自下痛禁 何至有疏陳之擧乎

는 백성들이 얼마나 기뻐하는지 보셨겠습니다만, 그 이후로 지금에 이르기까지 부역하는 백성들의 숫자가 무려 천만 명을 헤아리고 있으니 어찌 성대한 일이 아니겠습니까?

근일 부역하는 백성들이 길거리에서 유희하는 습속으로 말하면, 당초 즐거이 부역하고 피로를 잊게 하며 분위기를 돋우어 공사를 돕게 하려는 뜻에서 나온 것이었는데, 그것이 점차 확대되어 오로지 유희만을 일삼게 된 것은 정말 부당한 일입니다. 북치며 흥을 돋우는 것이야 옛날부터 공사를 독려하는 하나의 수단으로 사용된 것인 만큼 북을 치며 힘을 부추기는 것이야 괜찮겠습니다만, 그 밖에 유희하는 일은 다시 신칙하는 일이 있어야 하겠습니다. 그러면 자연히 금지될 것입니다."

하고, 이응하가 아뢰기를,

"지난번 단속하는 분부가 내려진 뒤로 부역하는 백성들의 잡희(雜戲)가 조금 가라앉았었는데, 겨우 며칠이 지나고 나서는 또다시 예전처럼 되더니 점차로 너무 지나친 데에 이르고 말았습니다.

이번에 착공한 건축 공사야말로 성대한 사업으로서 억만 년토록 무궁한 복록을 마련하는 길이 실로 여기에 기초하고 있으므로 대소 신민들 모두가 즐거워하며 경축하고 있습니다. 그리하여 부역에 자원하는 방민(坊民)들이 날이 갈수록 더욱 많아지는 가운데 깃발을 세워 자기 무리를 표시하고 북을 쳐 힘을 돋우며 손으로 춤을 추고 발을 구르고 있습니다. 그 결과 자신도 모르게 환회에 차 넘친 나머지 길거리 어디에서고 잡희(雜戲)가 벌어지는 사태에 이르고 말았습니다.

깃발을 들고 북을 치는 것이야 없앨 수 없다고 할지라도 너무 심하게 잡희를 벌이는 것은 엄하게 금단해야 할 것입니다. 그러면 백성들이 아무리 어리석다 하더라도 스스로 그만두게 될 것입니다."

하였다. 상이 이르기를,

"사관은 자리로 돌아가라."

하였다. 이어 물러가라고 명하니, 신하들이 차례로 물러나왔다.

『승정원일기』, 고종 2년 5월27일(신유)[51]

---

51) 範朝日 聖教至當矣 法宮重建之役 大小群情 莫不歡欣 京外坊民 爭先赴役 是誠庶民子來 不日成之者也 向日動駕時

여기서 무엇보다도 중요한 것은 종래 관의 단속 대상이 되어 문제적 집단의 하나이기도 했던 사당패가 나라의 궁궐 공사장과 같은 곳에서도 공공연히 공연했고, 당시 바우덕이란 한 대표적 사당이 크게 각광받아 이들이 한 시대의 대표적 공연집단으로 급부상했다는 것이다.

이에 조선시대 말 절걸립패계통에서 나온 사찰 주변이나 산속에 있던, 관에서 이른바 '나기(儺技)패'라 한 일종의 풍물계통 집단도 하나의 공연집단으로 나섰다. 그들은 당시 부상하고 있던 사당패의 공연 방식을 흉내 내어 풍물 속에 이미 있던 남자아이들인 무동을 여자처럼 꾸며 '남사당'을 만들어[52] 사당패와 같은 조직을 갖추고 사당패의 소리를 부르며 하나의 공연집단으로 나섰다. 말 그대로 '남사당패'인 것이다.

이러한 절걸립패계통의 이른바 '집도 절도 없는 사람들'이 사당패를 흉내 내어 남사당패를 바로 만들 수 있었던 것은 이들은 모두 넓게 보아 절과 관련될 수 있는 사람들이었고, 다음과 같은 남사당 출신 전근배의 증언을 통해서도 알 수 있듯, 사당패의 거사는 절걸립패의 화주(化主)로도 흔히 활동하는 등 사당패의 거사는 절걸립패의 활동에도 주요한 역할들을 하여 왔기 때문이다.

> (*사당패의) 모갑이와 거사는 대개 걸립패의 화주 출신이 많았다고, 1958년에 죽은 남사당패 출신 고(故) 전근배 옹은 말한 바 있다.[53]

臨觀役民歡樂之狀矣 自其後至于今 役民之衆 多以至千萬計云 豈不盛矣乎 近日役民街巷遊戲之習 初出於樂赴忘勞 興氣助役之意 而轉至於專事遊戲之擧者 果爲乖當矣 鼕鼓不勝 卽自昔董工之具 則以鼓助力 可也 而其他遊戲之事 更 爲措飭 則自當禁止矣 應夏日 向者飭敎之後 役民之雜戲 稍可止息 而纔經幾日 又復如前 漸至太過矣 今此營建之役 寔盛擧也 億萬年無疆之休 實基於此 大小臣民 莫不歡欣慶忭 坊民之自願赴役者 日益盛多 豎旗標衆 擊鼓用力 手舞 足蹈 自不覺其歡欣 以致街巷雜戲之無所不至 惟旗與鼓 則雖不可無 而雜戲之太過者 嚴加禁斷 則民雖至愚 自可止息 矣 上曰 史官就座 仍命退諸臣 以次退出

52) 이보형 담(談).
"한편 여자인 사당이 사회적 제약으로 충당하기 어렵게 되자 이를 소년으로 대체하면서 남사당패(男社黨牌)라 일렀는데" 이보형, 「조선말기 사찰(寺刹) 밖의 불교음악 개관」, 『한국전통음악학』 제6호, 한국전통음악학회, 496쪽.

그래서 넓은 시각에서 보면 이러한 사당패나 절걸립계통의 풍물집단으로 절 주변이나 산속에 있던 이른바 나기패는 같은 집단이기도 하였기 때문이다.

그래서 경기도지역 남사당패의 경우 다음처럼 사당 바우덕이를 이른 시기 그들 남사당패의 우두머리로 내세우기도 하는 것은 단순히 전승되는 이야기가 아니라 실제로 그러한 바우덕이의 존재에 의거해 남사당패가 이뤄졌을 수도 있는 사정을 담고 있다 할 수 있다.

> 동네에는 타지 사람들이 와 남사당패를 만들었는데 바우덕이와 동거했다는 이 경화도 바로 그런 사람이다. 이른바 진위패의 덧배기쇠로 이름이 있던 그는 사당 바우덕이의 힘을 얻어 안성 개다리패의 가열(초보자)들에게 덧배기를 가르쳤다.
> 이기선(남, 당시 70대) 증언(1993. 2. 8.)[54]

> 양(梁)씨가 40명 당원(黨員) 중 일원(一員)이었을 때의 모가비(企劃 담당 頭目)는 '이(李)경화'(姓名漢字를 아무도 모른다)와 '안성(安城)복만이', 이들의 바로 전(前) 두목이었던 '바우덕이'(金岩德? 여자)가
> '자취 감춘지 30여년 만에 무대에 오르는 광대탈 -양도일 옹-', 〈동아일보〉(1968. 2. 17.)[55]

현황(現況)

1930년대까지 전승되었던 남사당패로 필자가 이제까지 확인할 수 있었던 패거리가 여섯 정도이다.

개다리패(일명 바우덕이[金岩德패])

김암덕(金岩德)은 경기도 안성군 서운면 소재 청룡사를 거점으로 한 능력있던

---

53) 심우성, 앞의 책, 1974:1989, 28쪽.
54) 윤광봉, 『유랑예인과 꼭두각시놀음』, 밀알, 1994, 112쪽.
55) 정형호, 「경복궁 중건과 바우덕이의 관련성 고찰」, 『한국민속학』 제53집, 한국민속학회, 2011. 5., 178쪽.

사당이었던 바 남사당패의 말기로 볼 수 있는 1900년대 초에 안성 개다리패의 유지에 공헌한 사람이다. 개다리패의 꼭두쇠로서는 〈개다리(?)〉라 불리던 사람이 따로 있었지만 이 패거리는 김암덕(金岩德)으로부터 힘입은 바 커서 바우덕이패로 통할 정도였다 한다.

이 경우가 바로 남사당패와 사당패, 또는 걸립패간의 혼성을 보이는 대목이다.

이 패거리에 직접 가담했던 생존자는 한 사람도 없고 개다리패의 뒤를 이은 〈안성 복만이패〉를 거쳐 그 후대인 원육덕패로 이어지게 된다.

오명선(吳明善) 패

······56)

이렇듯 경복궁 중건 때의 사당패의 급부상을 시작으로 다음처럼 사당패는 한동안 그 시대의 대표적 공연집단이 되었다.

한말 흥행의 본산이랄 수 있는 여사당패(女社堂牌)
'개화백경(開化白景) 19: 흥행(興行)', 〈조선일보〉(1968. 6. 4.)

다음과 같은 기록도 이러한 시각에서 바라볼 여지가 있다. 종래 사당패는 사람들이 많은 시장터 같은 데서 몰래 숨어다니며 잠시 공연들을 했는데, 비록 경기도 양평 같은 지방이기는 했지만 한 지역의 네거리와 같은 공공연한 장소에서 사당패가 밤새도록 판을 벌여 노래를 부르기도 했던 것이다.

사당패들이 들어와 네거리에서 판을 벌이고 밤새도록 놀며 노래를 불렀다.
지규식(1851~ ?), 『하재일기(荷齋日記)』, 1895년 9월 3일57)

---

56) 심우성, 앞의 책, 1974:1989, 43쪽.
57) 寺薰輩入來 設局於通衢 終夜遊唱 '홍원의, 앞의 글, 73쪽'에서 재인용.

그러나 이후 조선이 망하여 가자 일제에 의한 근대화가 시작되어 가자, 길거리에서 소리판을 벌이고 때로는 매춘을 하기도 하는 이러한 사당패는 다시 지탄일색의 대상이 되기도 했다.

이에 1910년에 지어진 〈한양가〉란 가사에서는 이것을 다음과 같이 비판하기도 했다.

거사놈과 사당놈을/ 대궐안에 불러들여
아리랑타령시켜/ 밤낮으로 노닐적에
춤잘추면 상을주되/ 지우산수건으로
노래하면 잘한다고/ 돈백냥씩 불러주니
오입쟁이 민중전이/ 왕비오입 첫째가네[58]

그렇지만 이렇게 일시적으로 부상된 사당패 공연에 힘입어 절결립패계통의 풍물집단이 그들이 이미 확보하고 있었던 무동을 사당처럼 꾸며, 곧 '남사당'으로 만들어 사당패와 같은 판염불, 산타령, 각종 타령 등을 부르게 된 것이 남사당패의 출현이다.

또 이렇게 원래 절결립계통의 풍물집단 사람들이 기회를 타 사당패의 소리를 바로 부를 수 있었던 것은 다음처럼 조선 후기에 들어 이러한 사당패의 소리를 웬만한 사람이면 마음만 먹으면 부를 수 있을 정도가 되었기 때문이다.

잡요(雜謠) 산타령(놀량) 방아타령(꽃방아타령)
; 이것은 걸사(乞士)나 사당들이 부르는 것이니 모두가 음란하고 비루한 노랫말들이다. 오늘날 어린애나 종들도 이런 노래를 부를 줄 안다.[59]
정현석, 『교방가요(教坊歌謠)』(1872)

---

58) 저자 미상, 신영길 역주, 『한양가 -조선왕조 519년을 읊은 가사문학-』, 지선당, 2006, 111쪽.
59) 雜謠 山打令(遊令놀양) 杵打令(花杵打令)
此乞士舍黨所唱 皆是淫辭鄙詞也 今街童厮隸亦解唱此

그래서 1900년대에 들어 근대식 극장들이 만들어지자, 이 곳에서 사당패가 아니면서도 이러한 사당패 소리계통의 선소리 산타령을 부르는 전문 소리꾼들이 공연하곤 했다.

(*협률사 공연) **순서** 1. 평양랄탕픽 1. 환등(幻燈) 1, 창부(倡夫) 쌍지주 1, 승무(僧舞)
　　〈대한매일신보〉(1907. 12. 24.)

[그림 6] '짠지패'의 공연(1938. 5., 서울 태평통 조선일보사 앞)
'짠지패'는 서울지역 선소리 산타령패를 말한다.
국립민속박물관, 『석남 송석하: 영상 민속의 세계 −연희편』, 2004, 133쪽.

여기서의 '날탕패'가 바로 서도 선소리 산타령패다.[60]

남도지역에서도 마찬가지다. 다음은 1932년 무렵 이화중선이 이끌던 '남협률사'의 공연 종목들인 풍물, 남도잡가, 판소리 등을 말하는 가운데 남도잡가를 말하는 대목들

---

60) 서울지역에서는 이러한 선소리 산타령패를 '짠지패' 혹은 '두냥머리'라 불렀다. 같은 서울지역에서 12잡가, 휘모리잡가 등 앉아서 부르는 좌창(坐唱)을 하는 사람들이 이들 선소리 산타령패들이 잔디 위에서나 주로 부르고, '두 냥을 받고도 소리를 부르러 다닌다고 해서 이렇게 지칭한 것이다. 반면 서울지역 선소리 산타령패들 이들 좌창을 부르는 사람들의 소리를 '샌님소리'라 비꼬았다. 이보형 담(談)

인데, 보렴,61) 화초사거리, 육자백이 등 남도지역 사당패들이 부른 소리들을 사당패계통의 사람들이 아닌 사람들이 이미 공연용으로 부르고 있는 것이다.

여그 소구를 이만헌 놈 만들어 갖고 사원들이 갖고 노는 거여. 그 소구는 그 자루 우에다가 국화를 그 뭐 주석으로 만들어 달었거든. 그런 놈을 갖고 놀다가 삥 돌리면 찰랑찰랑 소리가 나. 고놈을 들고 인자 보렴을 지어. 노래를 불러. 보렴 진 뒤에는 육자백이가 나오지. 육자배기 진양조 부른 뒤에 중머리 부르고 인자 "어야 어야" 허고 자진 육자배기를 부른 다음에 거그서 중중머리 노래가 있지. 그놈 끄터리에 나비타령이 나오고 끄터리에 홍타령이 나와. 사설 내 갖고 얘기도 허고 그러고 끝나지. 그러고 좀 미비허면, 시간이 있다고 보면, 거시기 저 진도 아리랑을 불렀어. 부르고 사원들은 들어가.62)

[그림 7] 전남 완도군 금당도 차우리 마을의
『동계책(洞楔册) 하기(下記)』의 표지

그 화초사거리서부터 진양조면 진양조, 중머리면 중모리, 자진머리면 자진머리, 딱 부른 다음에 바탕소리(*판소리)가 나오는디

……

남자사원으로는 - 그 젊은 사람들, 소리허고 노래부르고 허는 사람 보고 사원이라고 힜거던63)

61) "'보렴'이란 '보시염불'의 준말인데, 이름에서도 알 수 있듯이 이소리는 사당패들이 저마다 마을로 돌면서 왕가(王家)의 번영을 축원하고 시주남네를 출원하여 부르는 판염불의 한 가지였으나 지금은 남도잡가 소리꾼이 부르는 선소리로 꼽히고 있다. 사당패나 선소리꾼들이 소리판을 벌일 때에는 한결같이 '보렴'으로 시작한다." 허옥인 편저, 『진도속요와 보존』, 진도민요보존회, 1986, 40쪽.
62) 신기남 구술, 김명곤 편, 『어떻게 허면 똑똑헌 제자 한놈 두고 죽을꼬?』, 뿌리깊은나무, 1981:1991, 58쪽.

이렇게 사당패 소리들은 조선 후기에 들어 전국적으로 웬만한 소리꾼들이면 마음만 부를 수 있을 정도로 일반화되어 있었던 것이다.

이러한 남사당패에 대한 현재 가장 오래된 기록은 다음과 같은 1880년 전남 완도군 금당면 차우리 마을의 동계(洞契) 기록이다.[64] 여기서의 금당면은 실제로는 '금당도'란 섬인데, 이 금당도의 한 마을인 차우리에

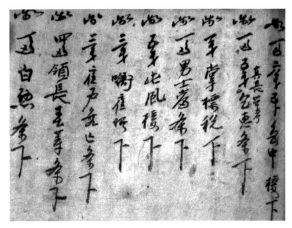

[그림 8] 경진년(1880) 10월 30일 이후
'남사당(男士堂)' 관련 지출 기록
'금(金) 1냥(一兩) 남사당(男士堂) 조(條) 하(下)'로 되어
있다.

서는 마을 주민의 계(契)인 동계(洞契)에서 매년 6월, 10월의 모임을 가지며, 『동계책(洞禊冊) 하기(下記)』에[65] 동계의 지출 금액을 적어 놓았다. 그런데 1880년 10월 30일 이후의 지출 조항 중(1880년 10월에서 1881년 6월 사이나 여기서는 편의상 1880년으로 잡는다) 처음으로 '남사당(男士黨)'이란 기록이 나오는 것이다.

　　(경진(1880) 10월 30일 이후)

　　　　……

---

63) 위의 책, 52쪽.
　　이러한 보렴 등을 부른 이른바 사원들로는 신마산포, 정판돌기, 박성순이, 한뚝뚝이 등이 있었다 한다.　위의 책, 52·53쪽.
　　이들은 광대집단계통 사람들로 여겨진다.
64) 전남 완도군 금당면 차우리 마을의 동계(洞契) 기록은 완전하지는 않지만, 1862~1927년 의 기록이 남아 있다. 이 기록을 처음 소개한 것은 '김경옥, 「조선후기 금당도 이주민의 입도(入島)와 봉산운영(封山運營)」, 『도서문화』 17, 목포대 도서문화연구소, 2001. 2., 37쪽'이다. 이후 '이경엽, 「도서지역의 민속연희와 남사당노래 연구 -신안 남사당노래의 정착 과정을 중심으로」, 『한국민속학』 제33집, 한국민속학회, 2001'에서 이 기록을 다시 한 번 다뤘다.
65) '하기(下記)'는 지출 금액을 적는 것을 말한다.

[그림 9] 정유년(1897) 1월 15일
'치배군(緇輩軍)의 걸립'을 담고 있는
「목계(木稧)」 기록

금(金) 1냥(一兩) 남사당(男士當) 조
(條) 하(下)

그리고 이후에도 몇 차례 더 기록들을 남긴다.

① 경진(1880) 10월 30일 이후
　금(金) 1냥(一兩) 남사당(男士當) 조
　(條) 하(下)
② 병술(1886) 10월 30일 이후
　금(金) 1냥 5전(一兩五錢) 남사당(男
　士當) 조(條)
③ 임진(1892) 6월 15일 이후
　금(金) 2냥(二兩) 남사당(男士當) 조(條)
④ 병신(1896) 10월 30일 이후
　금(金) 2냥(二兩) 남사당(南士堂) 조(條)
⑤ 무술(1898) 6월 15일 이후
　금(金) 2냥(二兩) 남사당(男士堂) 조(條)
⑥ 무술(1898) 6월 15일 이후
　금(金) 2냥 5전(二兩五錢) 남사당(南士當) 조(條)
⑦ 을사(1905) 6월 15일 이후
　금(金) 3냥(三兩) 남사당(男士堂) 조(條)

　이들 '남사당'의 기록 방식은 '男士當', '南士堂', '男士堂' 등 기록자에 따라 한자(漢字) 표기가 조금씩 다르기는 하지만, 이들은 분명 남사당패의 공연을 보고 동계(洞稧) 단위로 지출을 한 기록이다. 1880년부터 금당도에 분명히 '남사당'이란 공연집단이 왔던 것이다.

또 한편 1896년 1건(④)과 1898년의 2건(⑤, ⑥)으로 이들이 갑자기 많이 찾아온 것을 볼 수 있다. 이와 관련해서 이 무렵인 1897년 정월의 마을 동제(洞祭)에는 '치배군(緇輩軍. 승려가 있는 검은 옷 치, 무리 배, 풍물패 군)' 곧 승려계통의 풍물패가 이 마을에 와서 정초 집돌이 걸립을 한 것과 같은 것이 다음과 같은 역시 이 마을의 '목계(木契)'(1870~1986)[66] 기록에 남아 있다.

　　정유년(1897) 정월 15일 목계전(木禊錢) 이자와 원금을 올립니다. 총액 148냥(兩) 7전(錢) 5푼 및 군기(軍器) 수합전(收合錢)[67] 13냥 3푼을 더합니다. <u>금고(金鼓)를 도와 한 수합전(收合錢) 161냥 7전 3푼을 더합니다.</u> 이상 세 가지를 합한 총액 323냥 5전 1푼입니다.

　　이 금액 내에서 1냥 3전은 도제(都祭) 비용으로 제합니다. 31냥 9푼은 금고(金鼓) 수보비(修補費)로 제합니다. <u>8냥 7전은 치배군(緇輩軍) 신발비로 제합니다. 22냥은 걸립을 한 뒤 파제(罷祭) 비용으로 제합니다. 5냥은 배삯으로 제합니다.</u>

　　이에 도합 255냥 4전 2푼이 남았습니다.

　　이 금액 내에서 106냥 4전 8푼을 동중(洞中) 사창미(社倉米) 금액으로 제합니다. 34냥 3전 3푼을 일후(日後) 동중(洞中) 보용(補用) 차로 제합니다. 실제 남은 금액 총액은 114냥 4전 1푼입니다.

　　각 임원들이 처결하여 날인(捺印)합니다.[68]

---

66) 금당도에 한때 설치되었던 국가적 단위의 봉산(封山)과 관계해 나오게 된 기록이다.

67) 마을 풍물패가 집돌이 걸립을 해서 돈을 거둔 것.

68) 丁酉正月十五日 木禊錢 利本捧上 合文一百肆拾捌兩柒錢伍分及 軍鼓收合錢 拾參兩參分 加入 金鼓協善收合錢 一百陸拾一兩柒錢參分 添入 已上 三合文 參百貳拾參兩伍錢一分 內錢 一兩參錢 都祭所入 除錢 參拾一兩玖分 金鼓修補條 除錢 捌兩七錢 緇輩軍 爲鞋價 除錢 貳拾貳兩 乞○罷祭所費 除錢 伍兩 船價除 都合 貳百伍拾伍兩肆錢貳分 內錢 一百陸兩肆錢捌分 洞中社倉米 除錢 參拾肆兩參錢參分 日後洞中補用次除 實在 合文 一百拾肆兩肆錢一分 各員處拮据印

이것은 다음과 같이 시작되는 대부분의 평소 목계 기록들과 많이 다르다.

> 병신년(1896) 정월 13일 목계전(木禊錢) 이자와 원금을 올립니다. 총액 148냥(兩) 7전(錢) 2푼과 군기(軍器) 수합금(收合金) 23냥 4전 3푼을 더합니다. 두 가지를 합한 총액 172냥 1전 5푼입니다.
> 이 금액 내에서 1냥 3푼을 도제(都祭) 비용으로 제합니다.

> 무술년(1898) 정월 10일 목계전(木禊錢) 이자와 원금을 올립니다. 총액 148냥(兩) 7전(錢) 및 금고(金鼓) 수합금(收合金) 13냥 9전 8푼을 더합니다. 두 가지를 합한 총액 162냥 6전 8푼입니다.
> 이 금액 내에서 1냥 3푼을 도제(都祭) 비용으로 제합니다.

이 마을의 목계는 정초 목계에서 계원들이 가진 100여 냥의 금액과 정월 동제(洞祭) 때 '군기(軍器) 수합(收合)'이라 해서 정초 집돌이 풍물을 쳐서 거둔 금액 수십 냥을 합친 것이 이른바 일단 계원들이 가진 바 총액이 되고, 여기에서 각종 비용을 제한 후 실제 남기는 금액을 기록한다. 그런데 정유년(1897)의 경우에는 평소 하던 마을 주민들에 의한 '군기(軍器) 수합(收合)' 곧 정초 집돌이 풍물 외에 이러한 집돌이 풍물을 도운 또 한 팀이 더 있어 161냥 정도를 더 거뒀다.

그리고 마을 풍물패의 신발비는 다음처럼 1~2냥 정도인데 1897년에는 '치배군'의 신발비로 8냥 7전이나 돌리고 있다.

> 1냥은 금고인(金鼓人) 신발비(병신. 1896)

> 2냥은 군기(軍器) 중 신발비(경자, 1900)

평소 마을 주민들에 의한 정초 집돌이 풍물 외에 '치배군(緇輩軍)'이란 승려계통의 전문 풍물패가 분명 들어온 것이다.

현재 1870~1986년의 것으로 부분적으로 남아 있는 현재의 차우리 목계 기록에서 이렇듯 정월에 '치배군(緇輩軍)'처럼 섬 밖의 풍물패가 들어온 것은 이 정유년(1896) 때가 유일하다. 그런데 이들은 걸립 후 거둔 161냥 7전 3푼을 마을에 모두 돌리고 있다. 절걸립패는 아닌 것이다. 절걸립패는 절을 건립하려는 목적으로 왔기에, 거둔 재물을 자기들이 가져간다. 절걸립패가 아니면서도 승려계통의 풍물패, 이가 곧 사당패도 아니고 절걸립패도 아니면서도 절 주변이나 산속에 있었던 풍물패계통 사람들 곧『승정원일기』(1882)의 '나기(儺技)패'와 같은 사람들로 보인다.

전라도 금당도 차우리 마을의 경우 1880년, 1886년, 1892년처럼 '남사당'이 가끔씩 오다가 이 정유년(1897) 이른바 이 '치배군(緇輩軍)'이 정초인 정월에 올 무렵에는 그 전 해인 1896년 10월 이후에도 오고, 1898년에는 두 번씩이나 자주 왔다. 이렇게 4~6년에 한 번씩 왔던 남사당이 1896~1898년에 3번씩이나 왔던 것은 1897년 정월에 평소와 달리 '치배군'이 왔던 것과 일정한 관련이 있어 보인다. 이 금당도 차우리 마을에 왔던 '치배군'과 같은 '나기(儺技)패'와 같은 풍물계통 집단이 당시 사당패의 공연방식을 흉내 내며 남사당패로 활동하기도 했기 때문이다. 이들 나기패와 같은 집단에서 남사당패가 나온 것으로 여겨지기에, 1897년 정월에 금당도 차우리 마을에 왔던 이들 이른바 '나기패'가 차우리마을에서 활동하기 전후에 남사당패가 집중적으로 온 것은 일정한 관련이 있어 보이는 것이다.

이렇듯 1865년 4월 경복궁 중건 공사장에서부터 시작된 사당패의 공공연한 공연에 힘입어, 조선시대 말 절걸립패계통의 풍물집단이 무동을 여자아이처럼 꾸며 이른바 '남사당'을 만들어 사당패와 같은 공연을 하며 서울지역에서 먼저 남사당패가 성립되었다. 이후 이들의 공연은 1880년에는 남해안 전라도 금당도에까지도 이뤄질 정도로 전국적으로 확대되었다. 이는 조선시대 사당패도 전국적으로 오랫동안 있어 왔고, 조선시대 말 절걸립패계통으로 절 주변이나 산속에 있었던, 관(官)에서 '나기(儺技)패'라 한, 일종의 풍물계통 집단도 전국적으로 있었기 때문이다. 그래서 조선시대 말 사당패의 공연이 급부상하여 한 시대의 공연물로 각광받자, 이러한 사당패의 공연을 흉내 낸 남사당패의 공연도 일정 기간 이뤄지게 된 것이다.

3.

'원남사당패'의 모습

사당패의 공연을 흉내 내었던 이른바 '원남사당패'[69]의 모습은 현재로서는 이에 대한 학자들의 논의들과 남사당패 활동을 한 바 있었던 송순갑과 양도일의 증언, 과거 남사당패의 공연들을 본 사람들의 증언 등을 통해 어느 정도 알 수 있다.

일제강점기의 민속학자 송석하(1904~1948)는[70] 다음처럼 사당패의 공연 방식도 잘 알고, 조선시대 말 남사당패가 성립된 것도 정확히 알고 있었다.

> 이조 중엽 이후 사회적 특수한 존재로서 오인(吾人)의 주목을 끄는 것이 사당(社堂, Sadang)이 있다.
>
> ……사당(社堂) 거사(居士)의……마을에서 마을로 절에서 절로 유랑의 여행을 하면서 마을의 광장이나 절의 근처에서 노래나 춤을 추면 그것을 보고 표객(嫖客)은 모갑(某甲)에게 한 사당(社堂)을 지정하여 하룻밤 지내기를 청한다.
>
> ……
>
> 이와 같으며 사당(社堂)은 당연히 여자이라야하는 것이지만 이조 말기에 이르러

---

69) "(청자(*황인덕): 그 원 남사당패는 어떻게 생겼는지 그 말씀 좀 들려주세요.) 남사당패는 내내, 남사당패가 풍물두 익기는 있는디." 황인덕, 앞의 책, 540쪽.

70) 경남 언양 출생. 성인이 된 이후 주로 서울서 활동.

남사당(男社堂)이란 것이 생겨서 여사당(女社堂) 남사당(男社堂)의 명칭이 나오게 되었다.[71]

그런데 그는 남사당패의 공연들을 몇 차례 보았는데도 불구하고, 사당패와 남사당패를 구분하지 않고 이를 그냥 '사당배'라 하며 거의 같이 보았다.

제일(第一)의 무동무(舞童舞)는 지금도 반직업적(半職業的)인 사당배(社堂輩)가 영리적(營利的)으로 순회(巡廻)하는 것을 가끔 목도(目睹)하는 바이다.[72]

광대(廣大)와 거진같은 종류의 예인(藝人)에 사당(社堂)(사당(寺黨), 사장(社長), 사당(祀黨))이 있다. 그들은 보통 평초행려(萍草行旅)를 하며 표면은 가면극, 인형극, 속요(俗謠), 무용(舞踊)(*풍물), 곡예(曲藝)를[73] 하나 이면(裏面)으로는 머슴계급을 상대로 매춘(賣春)을(남자는 계간(鷄姦))하는 것으로[74]

여기서의 사당배는 '무동무(舞童舞)' 혹은 '곡예(曲藝)' 곧 무동타기도 하고, 가면극, 풍물(무용)도 하고 있기에, 사실 남사당패다. 그런데도 송석하는 이러한 남사당패와 사당패를 거의 같은 집단으로 보았기에, 그냥 '사당'이라 한 것이다. 그리고 이러한 남사당패의 공연 종목의 하나로 '속요(俗謠)' 곧 노래를 들고 있는 것도 주목된다.

그는 심지어 남사당패의 조직도 여사당패와 같은 것으로 보고 있다.

---

71) 송석하, '사당고(社堂考)'(1940), 앞의 책, 101~102쪽.

72) 송석하, '민속예술(民俗藝術)의 소개(紹介)에 대(對)하여 –김포(金浦) 농민무용(農民舞踊) 동경파견(東京派遣)을 계기(契機)로'(1934), 위의 책, 400쪽.

73) 여기서의 '무용', '곡예'는 '김포농악'에 대해서 그가 쓴 글 '민속예술(民俗藝術)의 소개(紹介)에 대(對)하여 –김포(金浦) 농민무용(農民舞踊) 동경파견(東京派遣)을 계기(契機)로'(1934)란 글을 통해 보면 '풍물', '무동타기'에 해당한다. 송석하, 위의 책, 305~403쪽.

74) 송석하, '전승음악(傳承音樂)과 광대(廣大)'(〈동아일보〉(1935. 10. 3.~11.)), 위의 책, 253쪽.

즉 사당패(社堂輩)란 한 단체를 조직 함에 있어 기업자(企業者)이며 통솔자(統率者)를 모갑(某甲. Mokap)이라 하고 그 모갑(某甲)이 조직한 단체에 각지(各地)로부터 사당(社堂) 거사(居士)의 일조(一組)가 치참(馳參)하여 그것이 일군(一群)이 되어 ……

물론(勿論) 남사당(男社堂)의 조직(組織)도 여사당(女社堂)의 것과 동일(同一)하지만 남사당(男社堂)은 계간(鷄姦)을 파는 것이 다르다.[75]

송석하가 보았을 때, 당시 사당패와 남사당패는 거의 같은 집단이었고, 남사당패의 공연 종목도 사당패의 그것과 거의 비슷하여 그들을 구분하여 말할 필요성을 느끼지 못했던 것이다.

한편 송순갑(1911~2001)은[76] 원래의 남사당패에 대해 1990년 이소라의 세 번에 걸쳐 반복된 조사에서 다음과 같이 증언했다.

<u>원남사당은 무동아이들이 소고를 들고 여럿이 나와 춤추고 노래하는 형태였다.</u>
구경꾼들 모이게 할려고 사물(四物) 악기를 쳤으나 본격적인 풍장을 치진 않았다.
구경꾼들이 엽전주면 엽전받고 했지 걸립다니진 않았다.[77]

1998년 황인덕의 여섯 차례에 걸친 조사(2·3개월간) 때도 다음과 같이 증언했다.

아홉 살, 딱 일년간 하니깨 소고는 그대루 어른처럼은 못 배우지만 깜냥이루서는 어린 쇠견으루서는 그대로 헌다구 그래.

---

75) 송석하, '사당고(社堂考)'(1940), 위의 책, 101~102쪽.
76) 송순갑의 실제 출생연도는 문헌에 따라 1912년, 1913년 등으로 다양하지만, 이제부터는 1911년으로 확정하기로 한다. 송순갑은 자신의 띠는 돼지띠(신해년. 1911년)라고 말하고 있기 때문이다. 황인덕, 앞의 책, 456쪽)
   호적에는 1914년 9월 10일생으로 되어 있다.
   송순갑은 충남 부여군 은산면 신대리 출생이다.
77) 이소라 편저, 『대전웃다리농악』, 대전직할시, 1991, 61쪽.

그래 거 허다가, 있다가, 멫얼 애기럴 해가지구,

"우리 그러지 말구 남사당이…함 번 꾸미자."

그래서 거기서 사람얼 꽤서는 모집을 해가지구서 한 열 댓이 이릏게, 나가서, 애덜까지 나가서 이걸 하루 인저 연십을 헝 거여. 하루 연십을 해가지구 그때부텀 하는디, 밥언 인제 동네서 시켜 먹구. 그제 남해 거제루, 슴이루 댕기며. 그래 애덜언 남사당…춤추구 허는디 애덜언 어트게 허냐? ꓫ트머리, 보라를 지쿠,[78] ꓫ트머리 가서 소리 끝내면 그 담이 받어가지구 '아이구 매화로구나' 요고만 찾으면 된다구 그려. 그래서 소고 치는디 장단을 맞춰서 춤두 추구 혀야지, 그 장단허구 삐면 안 되, 어긋나면…그러고 북을 맞춰 가면서 치면서 인제 돈두 박구…이래 하다…그것두 수입이 읎어서…또 해산을 해뻐리구. (채록자: 그것은 입장료를 받는 게 아니고…) 아니고, 동네, 동네서 인제 밥을 시켜 먹구 인제…입장료 입장료 고고만 가지구 뭘 뭐 헐 거 있어? (채록자: 주는 대루 받았구면요.) 응. 그래가지구 해 보닝깨 그것두 수입이 읔구, 해서, 또,

"해산하자."

해산했어. (채록자: 당시 종목이 뭐 뭐였지요? 그 노래하는 거하고?) 노래 고것 하구 인제 무등 받능 거. 그거(채록자: 무등 받구요?) 응. 고고. (채록자: 풍장하구요?) 풍장 인제, 그건 닛이만 뚜디능 거여 닛이. 시방처럼 농악이 아니구 그냥 닛이만 뚜들구 무등 받는 디 인저 그 장단 맞춰서 쳐주구…[79]

그래 수입이 읎어서 도로 해산하구서 도로 인저 걸궁이루 찾어강 거여.[80]

(청자: 그 원 남사당패는 어떻게 생겼는지 그 말씀 좀 들려주세요.) 남사당패는 내내, 남사당패가 풍물두 익기는 있는디. 사람이라구 농악두 참 인저 풍물두 치구

---

78) "보라를 지쿠", "보라를 소리 허면서". 황인덕, 앞의 책, 461·544쪽.
　　이와 같은 용례를 보아, 여기서 송순갑이 말하는 '보라'는 다음과 같은 원래 남도 사당패의 첫 번째 소리 '보렴'으로 여겨진다.
　　"여그 소구를 이만헌 놈 만들어 갖고……고놈을 들고 인자 보렴을 지어. 노래를 불러. 보렴 진 뒤에는 육자백이가 나오지" 신기남 구술, 김명곤 편, 앞의 책, 58쪽.
79) 충남 부여군 은산면 신대리 출생. 이소라 편저, 앞의 책, 41쪽.
80) 황인덕, 앞의 책, 461~462쪽.

했는디. 그래야 사람이 먼 디 사람두 오구 구경꾼두 오구. 그래서 풍물두 있는디 풍물은 인저 잇날이는 인저 둘째 문제구. '원 소리가 소리가 젤이닝깨 소리를 해서 우리가 그걸루 인제 손님이나 오면 꾸려나가자.' 그래서 <u>싯이 인저 소고 치구, 소고가 쪼끄만항 거 아니구 크게 매가지구 참 소리가 빵빵 울리게 나서 싯이 이저 소리 허먼 애덜언 인저 춤 추먼서</u>

"아이고 매화로구나"

<u>이릏게 해서 엽전 시절에 돈 박구 헝거, 그릏게 허다가 남사당패가 읎어졌지.</u>[81]

<u>(청자: 그때 남사당패를 하자고 주도한 분은 어느 분이셨어요?) 내내 우리 임상호</u>[82]<u>씨라구 그 냥반이 했지.</u> (청자; 그러다가 이우문 패로 다시 와서 김승서로 갔구먼요.) 거기서 하다가 남사당패. 간편하게 하다가 수입이 읎어서, 또 도로 인저 걸궁패루 와가지구, 고담에 인저 땅재주 배우구 그래서 소고 배우구 해가지구 거기 사무…[83]

이러한 증언들을 바탕으로 황인덕은 원래의 남사당패에 대해 다음과 같이 보고하고 있다.

패의 구성원은 대략 열 댓 명 정도였다. 솟대패와는 달리 여인숙 생활이 아니고 민가의 행랑방을 빌어 숙식을 해결했다. 그리고 점심은 적당한 민가를 물색하여 주인과 교섭하여 무료로 조달케 했으며, 공연은 포장을 치지 않고 노천에서 했고, 따라서 입장료를 따로 받지 않고 주는 대로 받았다. 공연은 저녁에 했고, 처음에 풍장을 치며 무동을 태우고 마을을 순회하여 공연을 알린다. 공연은 사물을 치는 것으로 시작하여, 성인들의 노래가 다음 순서이다. <u>성인들이 노래를 부르면 머리</u>

---

81) 황인덕, 위의 책, 540쪽.

82) 충남 보령군 웅천면 수부리 출신으로 부여지역 걸립패의 화주 등으로 활동했으나, 특별한 기예능은 없었다. 송순갑이 7세 때 양아버지가 되어 송순갑을 진주의 이우문이 쌍줄타기패에 데려가는 등 이후 14년간 송순갑과 같이 활동하게 된다. 황인덕, 위의 책, 459·514·527쪽.

83) 황인덕, 위의 책, 547쪽.

를 땋고 기름을 바른 뒤 쾌자를 입힌 어린 동자들 예닐곱 명이 나와 소고를 치고 율동을 하며 노래 후렴을 받아 함께 부른다. 예컨대 매화타령을 부를 때면 마지막 "아이고 매화로구나" 하는 대목만을 동작과 함께 따라 부르는 것이다. 이렇게 몇 마디의 노래를 부른 다음에 아이들이 청중 앞으로 나아가면 청중들이 돈을 준다. 이때 소고를 들고 율동을 하는 아이들은 잘 훈련된 소년들로 구성된 경우는 적고 대개는 인근 마을의 서당 학동들이나 남사당패 연희에 호기심을 가지고 따르는 아이들을 부추기고 꾀어 잠시 연습을 시킨 뒤에 활용했고, 관심도가 낮고 도로 귀가 하려는 아이들은 곧 돌려보냈다고 한다.

그러나 이 남사당패 활동은 별다른 호응을 끌지 못해 일년을 넘기지 못하고 해 산했다고 한다. 그의 위와 같은 증언에 의하면 남사당패는 이처럼 여자로 분장한 유소년들이 중심을 이루어, 노래와 율동을 주로 한 연희였음을 알 수 있다. 어디 까지나 분장한 여자가 중심이지 여러 가지 기예가 중요한 것이 아니었다는 말이 다.[84]

사당패의 주요 공연물이 판염불과 산타령이었던 만큼, 이에서 성립된 남사당패도 이 와 같은 판염불과 산타령 계통의 노래를 주 공연물로 하고 이에 부수된 풍물, 무동타기 등이 있었던 것이다. 그리고 사당패는 부채나 수건을 든 사당 1명이 소리를 메기면 소 고를 든 여러 거사들이 앞뒤로 오가며 후렴을 받는 식으로 소리공연이 이뤄지지만, 남 사당패는 큰 소고를 든 3명 정도의 성인 남자들이 소리를 메기면, 소고를 든 7~8명 정도의 무동 곧 남사당 아이들이 춤을 추며 후렴을 받는 식으로 이뤄졌던 것이다.

진도에서는 다음처럼 남사당패의 공연이 이뤄졌다 한다.

이옹(*이덕순. 1986년 당시 91세)에 의하면 진도에 왔던 남사당패는 열댓 명쯤 의 청장년의 남자들로만 구성되었고 어린남자를 사당, 어른남자를 거사라고 불렀 다고 한다. 이들이 노래를 부를 때는 반드시 소고를 치면서 연행하였고, 그 외의

---

84) 황인덕, 위의 책, 255쪽.

연희로는 줄타기와 땅재주를 보여주기도 했다고 한다.[85]

그리고 이러한 남사당패의 공연에서 나온 진도 주민들의 마당놀이는 다음과 같이 이뤄졌다.

> 지춘상교수에게 지산면의 여러 구전민요와 전설 등을 제보해주었던 지산면 인지리에 거주하는 설재천옹(남, 83세. *1986년 당시)을 만났는데, 그로부터는 〈꽃방아타령〉〈자진방아타령〉〈도화타령〉〈진방아타령〉〈개고리타령〉〈매화타령〉 등의 마당놀이요 한바탕을 채록할 수 있었다. 설옹은 이러한 노래들을 <u>남사당이 다녀간 후 "자식처럼 떨구어진 것"</u>이라 하면서……유희방식은 사당과 거사 두패로 나뉘어서 앞뒤로 진퇴하며 소리를 메기고 받으며 노래했는데, 이 때는 소고나 장고같은 악기를 곁들여서 발림춤을 추며 놀았다고 한다.[86]

전남 신안군의 비금도, 도초도 일대의 마을들인 비금면 죽림리, 한산리, 지동리, 도초면 고란리, 지남리, 한발리 등에서는 초상이 난 집에서 밤을 새워 놀 때 이른바 '밤달애놀이'를 하는데, 이때 모갑이의 지휘하에 남자들이 사당, 거사로 꾸며 '남사당노래'를 부른다 한다.[87] 이들의 연행방식은 다음과 같다.

> <u>이들은 모두 남자이지만 사당 역은 여장을 하고서 했다고 하는데</u>…사당과 거사라고 하여 두 패가 늘어서서 소고를 치며 앞으로 나오고 뒤로 물러서며 노래를 불렀다고 하는데 이러한 연행 형태는 사당패의 그것과 비슷하다.
>   ……
> 거사 쪽이 소리를 메기면 사당 쪽에서 받는 식으로 한다.[88]

---

85) 반혜성, 앞의 글, 5쪽.
86) 반혜성, 위의 글, 4쪽.
87) 이경엽, 앞의 글, 2001, 248~249쪽.
88) 이경엽, 위의 글, 2001, 249쪽.

사당이 노래를 하면서 나오면 거사가 뒤로 물러서고, 거사가 소고 치고 노래하면서 나오면 사당이 물러서면 노는 놀이다.[89]

이와 같은 사실들을 보면, 원남사당패는 사당패처럼 사당과 거사로 꾸미고 사당패 소리를 주 공연물로 했다. 다만 사당패는 사당 1명이 소리를 메기면, 여러 명의 거사들이 후렴을 받지만, 남사당패는 여러 성인 어른들이 소리를 메기면, 역시 여러 명의 남사당으로 꾸민 남자 청소년 아이들이 후렴을 받는 식으로 소리 공연이 이뤄졌다. 그리고 이 집단이 원래 사당패와는 다소 다른 집단이었기에, 그들이 할 수 있었던 풍물, 무동, 땅재주, 줄타기 등도 가능한 대로 갖추어 공연한 것으로 보인다.

과거 소리 위주의 남사당패에서도 활동한 적 있는 양도일(1907~1979),[90] 송순갑(1911~2001)을 면담조사한 이보형은 이러한 원남사당패와 관련해서 다음과 같은 논의를 하고 있다.

한편 여자인 사당이 사회적 제약으로 충당하기 어렵게 되자 이를 소년으로 대치하면서 남사당패(男社黨牌)라 일렀는데 남사당패로 있었던 양도일, 송순갑 노인들의 증언에 의하면 남사당패는 점점 불교와 연관성이 없어지고 흥행 위주 공연을 행하게 되면서 남도 남사당패는 속가를 주 공연종목으로 하면서 순수 불교적인 염불은 잊었던 것 같다. 이런 남사당패들이 퍼뜨린 속가가 전라도 신안과 진도, 제주도 성읍, 경상도 거제, 등지에서 채록되고 있다.

……

경기도 남사당패는 풍물과 꼭두각시 노름을 그들의 공연종목에 첨가하면서 본디 공연종목인 염불과 속가를 잊었다.[91]

---

89) 이경엽, 「서남해 지역의 남사당 관련 민속연희와 연희자 연구」, 『고전희곡연구』 제5집, 한국고전희곡학회, 217쪽.

90) 충남 대덕군 구칙면 문지리 출생. 이소라 편저, 위의 책, 61쪽.

91) 이보형, 「조선말기 사찰(寺刹) 밖의 불교음악 개관」, 『한국전통음악학』 제6호, 한국전통음악학회, 2005, 496쪽.

앞서 소개한 송순갑 외에 양도일도 과거의 남사당패는 사당패 소리를 불렀음을 증언하고, 이러한 증언들을 바탕으로 과거의 남사당패는 소리를 주된 공연물로 하였음을 논의한 것이다. 또 소리 위주의 남도 남사당패, 풍물 위주의 경기도 남사당패처럼 지역에 따른 남사당패의 상황을 논의하기도 했는데, 같은 남사당패라도 지역에 따른 차이도 분명 있었을 것이다. 그러나 지금의 남사당패에 대한 연구사로 볼 때, 일단 시대에 따른 차이를 먼저 분명히 하고 그 다음 지역적 차이에 대한 논의에까지 나아가는 것이 필요해 보인다.

남사당패란 것이 경기 안성의 바우덕이와 같은 사당과 관련된 서울·경기의 남사당패가 우선했다고 보면, 서울·경기의 남사당패가 더욱 사당패와 같은 소리위주의 공연을 했을 여지가 많다. 그런데 이렇게 사당패처럼 소리 위주의 공연을 해 왔던 서울·경기의 남사당패가 언제부터 오늘날처럼 풍물 위주의 공연을 하게 되었느냐란 것을 먼저 밝힐 필요가 있는 것이다.

송순갑은 10세 무렵인 1920년 무렵에 재건된 남사당패 활동을 했고, 양도일도 6세 때인 1912년에 남사당 활동을 했다.[92] 반면 경기지역 남사당패를 주도한 남운룡(1907~1978)은 1919년에 남사당을 시작했다.[93]

그러므로 지역에 따른 다소의 차이는 있겠지만, 1920년 무렵 소리위주의 남사당패는 대부분 사라졌다 할 수 있다. 남운룡이 남사당에 들어갔을 때는 이미 소리위주의 남사당패가 아니었던 것이다.

그러나 원래의 남사당패는 사당패와 같이 소리 위주의 공연을 했고, 이후 풍물, 버나, 인형극 등을 확대하게 되는데, 이때에도 종래처럼 소리를 어느 정도 하기도 했다.

---

92) 양도일은 1907년생으로 6세 때 남사당 곧 '걸궁패'에 들어갔다. '양도일(梁道一)옹', 〈동아일보〉(1968. 2. 17.)

93) "내가 남사당(男寺黨)에 발을 들여놓은 것은 삼(三)·일(一)운동(運動)이 나던 1919년 여름, 고향인 경기도(京畿道)안성군(郡)일죽면(面)에서였다." 남운룡, '서민의 갈채속에 유랑50년 −남사당연희로 방방곡곡 누벼', 『신동아』통권 제47호 7월호, 동아일보사, 1968, 263쪽.

그러한 모습의 1960년 이후의 심우성의 조사에서도 다음과 같이 보고되고 있다.

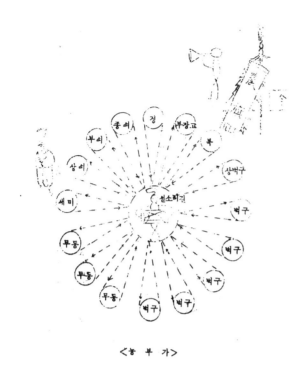

<농 부 가>

[그림 11] 남사당패의 전라도 모심기 노래 〈농부가〉 부르기
심우성, '(무형문화재조사보고서제40호) 남사당',
『무형문화재조사보고서』 제6집, 문화재관리국, 1968, 717쪽.

〈제3도〉

그림과 같이 <u>희덕님(선소리꾼)</u>이 원심(圓心)으로 들어가 농부가를 선창하며 남어지는 '어 헤이 에루 상사디아'를 제창(齊唱)하며 안으로 오므러졌다 퍼졌다 한다. 이제 전원(全員)은 논매는 시늉을 한다.

여봐라 농부야 말들어라/ 천하지 대본은/ 농사밖에 또 있는가

놀지를 말고/ 농사에 힘을 쓰세
어 헤이 에루 상사디아

여봐라 농부야 말들어라/ 이 놈 빼미다 모를 심어서
장님 펄펄 영화로세
어 헤이 에루 상사디아

여봐라 농부야 말들어라/ 담배 쉴참이 늦어가네
어 헤이 에루 상사디아

여봐라 농부야 말들어라/ 떠들어온다. 떠들어온다/

점심 밥꼬리가 떠들어온다

어 헤이 에루 상사디아

(양도일씨(梁道一氏) 구술(口述))

과거 남사당이 성했던 시절에는 〈새타령〉, 〈산타령〉, 〈자진타령〉, 〈개구리타령〉, 〈중타령〉, 〈매화타령〉 등 많은 선소리도 불려졌으나 현재 생존자들은 유시(幼時)였어서 기억을 할 수 없다고 한다.[94]

　이러한 조사가 가능했던 것은 당시 6세와 같이 어린 나이이기는 했지만, 1912년부터 남사당패 활동을 했던 양도일 등이 있었기 때문이다. 원래 사당패처럼 소리 위주의 공연을 했기에, 이들이 활동할 때는 풍물 위주의 공연을 할 때도 이와 같은 소리를 부르는 부분이 어느 정도 남아 있었던 것이다.

　양도일은 이 외에도 다음과 같은 바우덕이와 관계되는 노래도 부른 적이 있는데, 이 노래는 얼른 봐도 선소리 산타령의 '놀량'과 비슷하다.

놀량

......

에에헤 -

어허야 여흘 네로구나

황혼아니 거리겹쳐 잡고

성황당 숨벅궁새

한마리 남게 앉고

또 한마리 땅에 앉아

---

94) 심우성, '(무형문화재조사보고서제40호) 남사당', 『무형문화재조사보고서』 제6집, 문화재관리국, 1968, 715~717쪽.

네가 어디메로 가자느냐

네가 어디메로 가자느냐 (서도입창 산타령)[95]

바우덕이

가사/ 양도일, 채록/ 심우성

1. 에헤에헤이여 어허야

요흘 예로구나

황혼은 어이 길검쳐 잡고

서낭당 안(女) 벅궁새

한 마리 남게 앉고

또 한 마리 땅에 앉아

너 어디메로 가자느냐

너 어디메로 가자느냐

2. 에헤에헤이여 어허야

요흘 예로구나

오던 길 그리도 보면서

파파릇한 눈매로

뉘를 그리도 보자는가

숫(男) 벅궁새 저리 우는데

네 어이 누굴 그리며

네 어이 눈물 흘리나

바우덕아 어흐 바우덕아 (1962년쯤 양도일 가창)[96]

이로 보아, 양도일은 당시 비록 어리기는 하였지만, 사당패 소리를 부르던 남사당패
에서도 활동한 것이다. 반면 남운룡은 산타령에 대해 모른다고 했다.[97] 이와 같은 차이

---

95) 장사훈, 앞의 보고서, 1968, 102쪽.

96) 심우성, '꼭두쇠 바우덕이 -'바우덕이'에 관한 사실적 접근', 『극작에서 공연까지』 2009년 가을 통권 21호, 지
성의샘, 2009. 10., 167쪽.

는 양도일은 1912년부터 남사당패 활동을 했지만, 남운룡은 1919년부터 남사당패 활동을 했기 때문이다. 1920년 무렵 소리 위주의 남사당패는 대부분 사라졌다고 볼 만한 것이다.

이러한 사실들로 보아, 1860년대 사당패의 급부상으로 성립된 이른바 원남사당패는 모갑이와 거사, 사당으로 이뤄진 사당패처럼 남자아이인 무동을 여장(女裝)시켜 '남사당' 곧 '사당'으로 만들어 자신들도 모갑이와 거사, 사당을 이루고, 사당패 소리를 불러 사당패처럼 소리 위주의 공연을 한 집단이었다. 이후 사당패가 쇠퇴해 가자 원남사당패는 사당패 소리를 줄여 나가고 자신들이 또 할 수 있었던 무동놀이, 풍물 등을 강화해 나가며 오늘날의 남사당패에 이른 것이다.

---

97) 양도일 등을 통해 남사당패가 산타령 등을 불렀다는 이야기를 듣고 심우성은 다음과 같이 서울지역 선소리 산타령패들을 압박했다.

"이제라도 이름마저 내기를 꺼려하는 몇 분이 협조적으로 자료를 제보한다면 아직 밝혀지지 않고 있는 남사당패의 〈선소리〉 등이 발굴되지 않을까 한다."(심우성, 앞의 책, 1974:1989, 44쪽)

이에 당시 국가 중요무형문화재 제16호 '선소리 산타령' 보유자였던 이창배(1916~1983)는 남운룡을 통해 다음과 같은 대답을 얻어 내고 있다.

"그런데 이 서울의 산타령이 남사당(男寺黨)에서 불리어졌다고 하는 학자(*심우성)가 있으나, 이것은 전혀 틀린 말이다. 남사당이 부르는 〈판염불〉은 산타령과는 아무런 관계도 없을 뿐더러 그 사람들은 〈산타령〉을 알지도 못한다.

남사당의 예능 보유자인 남 운룡(南雲龍)에게 필자가 물었더니 '우리 남사당은 전혀 모른다'고 하며, 자기네들은 〈판염불〉만 부른다고 분명히 말하였다. 이런 계제에 잘못 알았던 유래를 바로잡는다."(이창배,『한국가창대계』, 홍인문화사, 1976, 319쪽)

남운룡은 실제로 남사당패가 산타령, 매화타령 등을 부른 것에 대해 알지 못한 것으로 보인다.

4.

1920 · 30년대의 남사당패

북한학자 박은용은 월북한 판소리 명창 박동실(1897~1968, 전남 담양 출생)과 가야금 명인이자 창극 명인이었던 정남희(1905~1989, 전남 나주 출생)의 증언들을 바탕으로 사당패는 1920년대까지 있었다고 논의했다.[98] 1920년경 사당패의 소리를 부르는 원남사당패에서 1년 정도 활동했던 송순갑(1911~2001)도 그 이후로는 원남사당패는 물론 사당패도 보지 못했다고 했다.[99] 한때 "한말 흥행의 본산이랄 수 있는 여사당패(女社堂牌)"란[100] 말을 들을 정도로 1865년 경복궁 중건 때 이후 한동안 각광받았던 사당패들은 이후 1900년대에 들어 일본에 의해 조선이 망해 가며 쇠퇴하기 시작하여 1920년대에 들어서는 사실상 사라졌던 것으로 보인다.[101]

이러한 사당패의 운명은 사당패의 흥행에 의해 성립된 남사당에게도 직접적인 영향을 미쳤을 것이다. 그것은 1920년 무렵부터 사당패의 소리보다는 풍물 위주의 공연을

---

98) 박은용, 『사당패 형성에 관한 력사적 연구』, 「고고민속」 3호, 평양: 과학원출판사, 1964, 19쪽.
　'홍원의, 『사당패의 역사적 성격과 남사당패로의 전환 –안성 청룡리 사당패를 중심으로-』, 안동대 민속학과 석사논문, 76쪽' 참조.

99) 황인덕, 앞의 책, 540쪽.

100) '개화백경(開化白景) 19: 흥행(興行)', 〈조선일보〉(1968. 6. 4.)

101) 조선이 망하지 않았으면, 이후 사당패의 공연은 새로운 공연으로 거듭났을지 모른다.

하게 되는 것으로 나타났다.

1960년 이후 남사당패 출신으로서 이보형에게 남사당패의 속가(*산타령, 매화타령 등)를 증언한 사람은 양도일과 송순갑밖에 없었다.[102) 남운룡을 비롯한 나머지 사람들은 이러한 남사당패의 산타령, 매화타령 등에 대해 별다른 이야기를 하지 않았다. 양도일과 송순갑 등도 어렸을 때 조금 하였기에, 그러한 노래들을 사실상 제대로 부를 수 없다고 했다.

양도일(1907~1979)이 남사당패에 들어간 것은 6세 때이므로 말하자면 1912년에 들어갔다. 이때만 해도 남사당패는 사당패의 소리를 어느 정도 불렀던 것이다. 그래서 양도일은 사당패 소리인 〈놀량〉과 비슷한 노래도 어느 정도 부르고,[103) 전라도 모심기 노래인 〈농부가〉 같은 노래도 사실상 제대로 불렀던 것이다.[104) 송순갑(1911~2001)은 9세 무렵인 1919년 무렵 양아버지 임상호가 만든 소리 위주의 원남사당패 경험을 1년 정도 하게 된다.[105) 이때 그는 소고를 들고 춤을 추며 후렴만 받았기에, 나중에 '매화로구나'란 후렴만 기억했다. 그리고 그러한 활동이 남사당 곧 원남사당의 마지막 모습이라 했다.

반면 남운룡은(1907~1978)은, 앞서도 보았듯, 13살 되던 해인 1919년 여름 남사당패를 따라 나섰다. 그러한 남운룡은 이후 남사당패의 산타령 등에 대해 별로 말을 하지 않았다.[106) 이 무렵의 남사당패의 주요 공연물은 종래의 사당패의 소리와 같은 소리가

---

102) 이보형, 앞의 글, 2005, 496쪽.

103) 심우성, '꼭두쇠 바우덕이 -'바우덕이'에 관한 사실적 접근', 『극작에서 공연까지』 2009년 가을 통권 21호, 지성의샘, 2009. 10., 167쪽.

104) 심우성, '(무형문화재조사보고서제40호) 남사당', 『무형문화재조사보고서』 제6집, 문화재관리국, 1968, 715~717쪽.

105) 임상호의 그런 소리 위주의 남사당패 시도는 실패로 돌아가 임상호와 송순갑은 원래 있었던 진주의 이우문이 쌍줄타기패의 포장무대 공연에 다시 돌아가게 된다. 황인덕, 앞의 책, 462쪽.

106) "남사당의 예능 보유자인 남 운룡(南雲龍)에게 필자가 물었더니 '우리 남사당은 전혀 모른다'고 하며, 자기네들은 〈판염불〉만 부른다고 분명히 말하였다." 이창배, 『한국가창대계』, 홍인문화사, 1976, 319쪽.

아닌 풍물 위주였기 때문으로 여겨진다.

월북한 조명암(본명: 조영출(趙靈出), 1913~1993)은 '민속시초(民俗詩抄) 남사당편(篇)'이란 제하(題下)에 〈남사당〉, 〈소고(小鼓)춤〉, 〈상무춤〉, 〈무둥춤〉, 〈소년(小年)〉, 〈풍속(風俗)〉 등 총 6편의 시를 남겼다.[107] 당시 책방(冊房)에 다닐 정도의 아이일 때,[108] 자기 마을을 찾아온 남사당패를 보고 쓴 시들이다. 그는 충남 아산시 매곡리 출생으로 1922년 부친 사망으로 고향을 떠나게 된다.[109] 그러므로 그가 시로 남긴 남사당패의 모습은 1922년 이전의 것이다. 그런데 그의 시들에서 보이는 남사당패의 공연내용은 풍물, 소고춤, 12발 상모, 무동놀이 정도만 나와 있다. 이때에도 이미 남사당패의 주요 공연 종목은 풍물이었던 것이다.

김복섭(1916년생. 작고)도 9세 때인 1924년에 남사당패에 들어갔는데, 그때의 남사당패는 15명으로 풍물 위주의 공연패였다.[110]

이러한 사실들로 보아, 1920년대의 남사당패는 종래의 소리 위주의 공연집단에서 풍물 위주의 공연집단으로 변모했음을 알 수 있다.

종래의 사찰 주변 집단에서 경복궁 중건 공사장에서의 공연으로 하나의 순수한 독자적인 공연집단으로서의 모습으로까지 발돋움했던 사당패를 흉내 내어 남사당패란 역시 하나의 순수한 독자적인 공연집단이 된 남사당패는 사당패의 쇠퇴로 역시 쇠퇴와 소멸의 과정을 걸었어야 했다. 그러나 이들이 일단 순수 공연예술 단체로 나섰고, 아닌

---

107) 최원식, '(자료·해제) 풍속의 외피를 쓴 서정시 −조영출(趙靈出)의 민속시 6편-', 『민족문학사연구』 26권, 민족문학사학화민족문학연구소, 2004. 11.
　　전영주, 「조명암의 '남사당'연작시 연구」, 『국어국문학』 제161호, 국어국문학회, 2012. 8.
108) "책방(冊房)을나와 부도(浮屠)쟁이로 청(靑)솔나무 사히를/ 걸어가면 거기서 탑동(塔洞), 분란(粉蘭)이가튼 미동(美童)들을 맛나저요"〈남사당〉
109) 함경도 안변 석왕사로 갔다, 금강산 쪽으로 가서 승려가 되었다는 등 조금 다른 논의들을 하고 있으나, 1922년 부친 사망 후 고향을 떠난 것에 대해서는 모두 같다.
110) "김웅은 아홉 살에 마을을 찾아든 남사당패를 따라 나서게 되었다. 당시 김씨(40대) 성을 가진 꼭두쇠 밑에 15명이 한 단체가 되어 마을을 순회하는 걸립패였다. 풍물이 위주가 된 공연에서 김웅의 역할은 무동(새미)이었다." 서연호, 『한국 전승연희의 현장연구』, 집문당, 1997, 315쪽.

말로 '집도 절도 없이' 그러한 공연단체 외에 다른 특별히 할 것도 없었던 그들은 새로운 공연예술 요소들을 조금씩 갖춰 가며 새로운 공연집단이 되어 갔던 것이다.

그러한 남사당패가 제일 먼저 한 것은 풍물이다. 그것은 거사패가 하는 사당패 공연을 '남사당패'란 것을 앞세워 한 집단이 바로 원래는 사찰 주변에 있으면서도 거사패도 아니고, 절걸립패로 활동하기도 하지만, 절걸립이 끝난 뒤에도 갈 데가 없는, 앞에서도 말한, 이른바 관(官)에서 절 주변이나 산속에 있다는 풍물계통의 '나기(儺技)'패계통의 사람들이었기[111] 때문이다.

또한 근대에 들어 이러한 나기패가 하여 왔던 절걸립 외에도, 고을이나 마을에서 고을신이나 마을신과 같은 서낭신을 받은 서낭대를 앞세우고 근대 사회에 필요한 근대식 다리, 마을회관,[112] 경찰서, 고아원

[그림 11] 사당패의 인형극
소고를 두드리고 있는 거사(居士)의 존재로 보아
사당패의 인형극 공연임을 알 수 있다.
'기산풍속도'

등 공공시설들을 짓는데 일조하는 낭걸립이 광범위하게 일어났다. 그래서 사당패의 공연을 흉내 낸 종래의 남사당패 공연 외에 역시 이러한 각종 걸립과도 일정한 관계를 맺고 있던 남사당패 사람들은 사당패적 공연이 더 이상 각광받지 못하자, 이러한 그들이 여전히 하고 있던 걸립 풍물 곧 풍물을 그들의 주요 공연물의 하나로 삼게 되는 것이다.

---

111) 『승정원일기』, 고종 19년(1882) 11월 19일(신축)
112) 신기남 구술, 김명곤 편, 28쪽.

[그림 12] 1930년대 남사당 덧배기(탈놀이) 연희자들
왼쪽에 세 번째 오른쪽 머리카락이 늘어져 있는 연희자가 취발이다.
이들이 남사당패란 것은 이들과 같이 있는 다음과 같은 무동들 사진을 통해 알
수 있다.

이를테면, 송순갑의 양아버지로 1920년 무렵 소리 위주의 원래의 남사당패 활동을 하기도 했던 임상호는 송순갑의 나이 7살이었던 1917년 충남 부여와 청양 사이의 까치내에 다리를 놓기 위한 낭걸립패의 책임자였던 화주(化主)였다.[113] 송순갑과 임상호처럼 수양아들과 양아버지의 관계를 맺고 이후 각종 공연단체에 참가했던 송순갑과 같은 또래의 박귀식과 신완갑의 경우에도 신완갑이 까치내 다리걸립에서 임상호의 일을 도와 한 사람이었다. 이러한 임상호와 신완갑은 소리 위주의 공연을 했던 남사당패나 멀리로는 그러한 남사당패 이전의 풍물집단과도 관계될 수 있는 사람들로 여겨진다.

[그림 13] 위의 사진 일행과 같이 있었던 무동들

---

113) 황인덕, 앞의 책, 459쪽.

이렇게 풍물이 주요 공연물의 하나가 된 남사당패의 풍물이 멀리로는 원남사당패 이전의 절걸립계통의 풍물에서 나왔다는 것은 오늘날의 남사당패의 풍물에도 '화주'와 '새미' 같은 절걸립패적 풍물 요소가 남아 있는 것을 통해서도 확인할 수 있다. 1920년대 이후의 남사당패는 꼭두쇠, 화주, 뜬쇠, 가열, 삐리 등이 있었고,[114] 이 삐리인 무동 속에는 승려 복장의 어린아이인 새미가 있었다. 화주는 원래 절걸립에서 나왔고, 새미도 어린 남자 중인 사미승의 '사미(沙彌)'에서 나온 것이기에, 역시 절걸립에서 나온 것이다.

풍물 외에 또 갖추게 된 것은 인형극이다.

인형극은 조선 후기, 다음처럼 평소에도 거사들이 시장 같은 데서 한 것이다.

전 남원 현감 장현경이 진달한 농서 책자에 대해 관련 문건을 첨부하여 회계하라고 명하셨습니다. 이 책자를 보니, 첫째는 <u>거사(居士)를 자칭하며 포장을 만들어 인형극을 하는 사람들</u>을 통렬히 물리치고 엄히 금하여 모두 농토로 돌려보낸다는 일입니다. 농업을 일삼지 않는 이른바 거사들이 민간에 기생하고 있으니 참으로 매우 고약합니다. 포장을 만들어 인형극을 하는 사람들이 마을에 드나들며 시장에

[그림 14] 남사당패
풍물 중
벅구놀이(1930년대)
서울대 박물관 소장
유리 원판 사진

---

114) 남운룡, 앞의 글, 1968, 266쪽.

서 토색할 경우, 필경 사람들이 도둑
질을 당하는 근심이 대부분 그들에
게서 나옵니다.
　　『일성록』, 정조 23년 5월 22일
(기묘)115)

또 사당패의 공연 종목의 하나이기도
했다.

[그림 15] 남사당패 인형극(1930년대)
서울대 박물관 소장 유리 원판 사진

[그림 16] 남사당패
무동타기(1930년대)
서울대 박물관 소장 유리 원판 사진

이 시기에 각지의 사당패들이 창조한 새
로운 연주 종목에는 연쇄가요 〈사거리〉라
는 기본공연종목과 여기에 해당지방에서 널
리 알려진 서정민요, 때로는 민속적인 인형
놀이도 첨부했다.116)

조선시대 말 산속에 있던 거사집단과 나기
패는 절걸립 때 만나기도 하는 등 넓은 시각에
서 보면 같은 집단이기도 하기에, 이러한 거사
의 인형극을 남사당패도 할 수 있는 것이다.
　탈놀이도 할 수 있었다. 풍물에도 양반, 각
시 등의 잡색 등에 의한 놀이와 같은 연극적

요소들이 기본적으로 있기에, 당시 이뤄지던 탈놀이들을 조금 단순화시키고 변형시켜

---

115) 南原前縣監 張顯慶所陳農書冊子有粘連回啓之命矣　觀此冊子　則其一稱名居士山棚偎儡之漢痛斥嚴禁一竝歸農事也
　　　所謂居士之不事農業蠹食民間誠萬萬痛惡　而至若山棚偎儡之出沒邑村徵索場市　畢竟穿窬竊發之患多出其類
116) 문성렵·박우영, 『조선음악사(2)』, 과학백과사전종합출판사, 1990, 208쪽.

[그림 17] 남사당패 탈놀이(1930년대)
서울대 박물관 소장 유리 원판 사진

연극적 놀이로 할 수 있었을 것이다.

지금까지 알려진 남사당패 탈놀이에는 옴중, 취발이 등이 나오기에, 중부지방의 산대놀이계통의 탈놀이(양주별산대, 송파산대)가 활용된 것들만 확인되었다.117)

이렇게 풍물, 인형극, 탈놀이 등을 갖춘 남사당패의 공연 모습은 1930년대의 포장무대 공연 형태로 서울대 박물관 소장 유리원판 사진들로 남아 있다.

이 사진 속의 남사당패는 풍물의 경우 태평소 2명, 꽹과리 1명, 북 1명, 소고수 6명, 무동 16명, 새미 4명, 미상 2명 등 모두 33명 정도로, 적으면 10여 명,118) 많으면 20여 명 정도119) 되는 일반적인 남사당패에 비추어 상당히 규모가 큰 남사당패다. 그러므로

---

117) 남사당 덧배기 놀이에는 샌님, 노친네, 취발이, 말뚝이, 먹중, 옴중, 피조리1·2(젊은 여자), 꺽쇠, 장쇠 등이 등장한다.(심우성, 앞의 책, 1974:1989, 134~135쪽)

　이는 샌님, 미얄할미, 취발이, 말뚝이, 목중, 옴, 소무1·2(젊은 여자) 등이 등장하는 양주별산대의 등장인물들과 비슷하다.

118) "김옹(*김복섭. 1916년생)은 아홉 살(*1924년)에 마을을 찾아든 남사당패를 따라 나서게 되었다. 당시 김씨(40대) 성을 가진 꼭두쇠 밑에 15명이 한 단체가 되어 마을을 순회하는 걸립패였다. 풍물이 위주가 된 공연에서 김옹의 역할은 무동(새미)였다." 서연호, 『한국 전승연희의 현장연구』, 집문당, 1997, 315쪽.

　"(*1927년 경) 최성구 그 사람 패가 한 여나믓이 경상도루 왔어. (황인덕: 난걸립(*남사당패 걸립)으로 돌아다니면서 경상도로 내려오는 중이었다 함)　황인덕, 앞의 책, 465쪽.

119) '무형문화재 조사 보고서 제40호 남사당'에 기록된 남사당 풍물의……24명의 편성 인원은 남사당 풍물연행의 일반적인 편성 규모를 밝힌 것으로 판단하였고" 김원민, 「남사당풍물의 변화양상 고찰」, 한국예술종합학교 연희과 예술전문사논문, 2008, 36~37쪽.

이들의 공연 종목들은 당시 남사당패들의 대표적 공연 종목들이라 할 만하다. 그런데 현재 이들의 공연 종목 사진은 풍물, 인형극, 탈춤밖에 없다. 1920년대 이후의 남사당패의 대표적 공연물은 이러한 풍물, 인형극, 탈놀이 등이었던 것이다.

이 외 버나도 할 수 있다. 버나(접시돌리기)는 선조 3년(1580) 이항복(李恒福, 호 백사(白沙)) 등이 과거 급제를 했을 때, 궁궐에서 베푸는 은영연(恩榮宴)에서의 광대놀음에서도 볼 수 있는 광대 기예 중 하나다. 비교적 간단한 놀이이기에, 마음만 먹으면 남사당패 사람들도 할 수 있는 것이다.

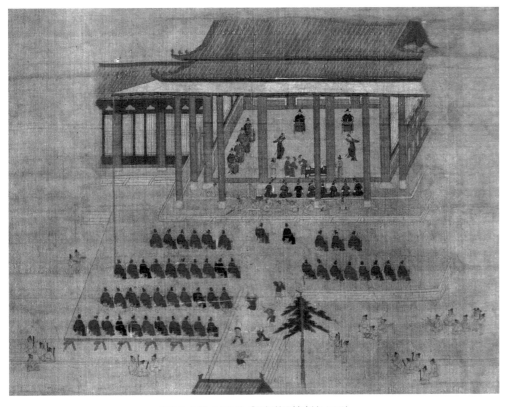

[그림 18] 궁중의 은영연(恩榮宴)(1580)
백사 이항복 등이 과거에 급제한 때이다.
광대놀음은 위에서부터 구슬들 던져받기, 접시돌리기(쌍접시) 땅재주(겹땅재주) 등이다.
국립국악원 편, 『조선시대 음악 풍속도 Ⅰ』, 민속원, 2004, 22쪽.

줄타기, 땅재주도 할 수 있다. 그런데 줄타기, 땅재주는 남사당패에서 하기도 했으나 이것들은 원래 남사당패의 공연 종목이 아니었다.

[그림 19] 위 그림 세부

(줄타기) 현재 이 놀이를 전하고 있는 분으로는 조송자(趙松子, 48세) 여인이 있는 바, 그는 다섯 살 때부터 독(獨)선생이던 솟대쟁이패(*쌍줄타기패) 출신의 손만대 씨에게서 재주를 배웠다 한다. 그밖에도 남자로서 줄을 타는 사람으로는 이제는 고인이 된 김봉업 씨와, 광대줄꾼 이동안(李東安) 씨, 그리고 얼마 전에 고인이 된 이정업 씨, 아직 기능을 지니고 있으나 현재 서커스에 종사하고 있어 '조선줄'의 특징을 잃은 김영철 씨를 들 수 있다.[120]

살판

"잘하면 살 판이요 못하면 죽을 판"이라는 뜻에서 이렇게 불려졌다고 한다. 본시는 대광대[竹廣大](*솟대쟁이)패나 솟대쟁이패(*쌍줄타기패)의 주된 놀이 중의 하나였는데 이것이 남사당놀이에서도 보이고 있다. 그 연희자는 역시 대광대패나 솟대쟁이패에서 충용되었다 하는데 오늘날의 텀블링을 연상케 하는 것이다.[121]

위의 '줄타기'에서 언급된 손만대는 솟대쟁이패 출신이고, 김봉업, 이동안, 이정업, 김영철 등은 모두 광대집안계통 사람들이다. 조송자도 역시 광대집안계통 사람이다. 그러므로 남사당패의 줄타기와 땅재주는 다른 집단 사람들이 들어와 이뤄진 것이다. 이에 남사당패에서 땅재주를 한 송순갑도 다음처럼 말하고 있는 것이다.

---

120) 심우성, 앞의 책, 1974:1989, 104쪽.

121) 심우성, 위의 책, 1974:1989, 40쪽.

그래 본대(본디)에 꼭두각시 하나뱅이 욱거덩 고고. 박첨지놀이 하나뱅이 더 있어? 옰어서 남운룡이, 처남으 아들, 딸 전부 인저 그 친척간이 해서 국민핵교 댕길 적이 또 소고나 장구 가르치구 해서 그래서 재게네 식구찌리 나오구, <u>줄, 땅재두 이렁 건 돈 주고 사 이게 사서 해야 댜.</u>[122]

송순갑도 1960년 이후 정립된 남사당 놀이들인 풍물, 인형극, 버나, 탈놀이, 줄타기, 땅재주 중 줄타기, 땅재주는 외부의 놀이가 들어간 것임을 분명히 말하고 있는 것이다.

그리고 이것은 사실상 남운룡패의 경우다. 심우성은 1960년부터 남사당을 조사연구할 때 사실상 남아 있는 패는 남운룡패 하나밖에 없었음을 다음과 같이 말하고 있다.

심(*심우성): ……남사당이라는 단체가 여러 군데 있는 게 아니에요. (*허용호: 음) 하나밖에 없었어요. 전국에. (예) 지금도 마찬가지지만 지금은 이제 에-, 풍, 풍장패가 여러 군데 있잖아요. (예 예) 근데 남사당만은 여러 군데 있는 게 아니라 한 군데밖에 없었어요.[123]

줄타기, 땅재주 등과 관련된 남사당패 공연 종목들에 대해서는 다음과 같은 조사들이 더 이뤄져 있다.

이옹(*이덕순. 1986년 당시 91세)에 의하면 진도에 왔던 남사당패는 열댓 명쯤의 청장년의 남자들로만 구성되었고 어린남자를 사당, 어른남자를 거사라고 불렀다고 한다. 이들이 노래를 부를 때는 반드시 소고를 치면서 연행하였고, <u>그 외의 연희로는 줄타기와 땅재주를 보여주기도 했다고 한다.</u>[124]

우리가 어려서 보기는 봤어. 봤는디 그기 전부 어려서 봐서 아심아심해. 알기로는

---

122) 황인덕, 앞의 책, 551쪽.
123) 국립예술자료원, 『(2012년도 한국 근현대예술사 구술채록연구 시리즈 217) 심우성』, 2013, 80쪽.
124) 반혜성, 앞의 글, 5쪽.

[그림 20] '전조선향토민속대회(全朝鮮鄕土民俗大會) 중
줄타기(1938. 5. 7., 서울 태평통 조선일보사 앞)
줄타기꾼은 이정업(광대집단계통 사람)
국립민속박물관, 『석남 송석하; 영상 민속의 세계 -연희편』, 2004,
118쪽.

어른들 댕기면서 그 뒤에 배운기지. 알았지. 애기를 듣고, 전에는 줄도 타고 그랬지. [*조사사: 얼굴에 광대 씌워갖고 그런 것도 있고. 그런게 전에는 총각들 때는 머리를 따갖고 댕이논깨네 얼굴이 예쁘게 생긴놈은 실제 남잔지 여잔지 구별을 못 해. 예쁘게 생긴 아들은 전부 여자들 옷을 입고, 또 북치고 장구치고 소구치고 허는 사람들은 우리 남복을 입혀도 꼭 여자들맹이라. 머리를 땋아가지고 댕인게.

　　제보자: 박부명(남, 만80세. 1926년생), 전남 광양시 진월면 신답마을[125]

　　어릴 때 봤지. 그러고 댕인 사람들이 있어. 굿을 꾸며가지고. [남해 사람들이었어요?] 몰라. [접시 돌리고, 땅에서 재주넘는 것도 했어요?] 그런것도 했지, 줄타기도 하고. 매구락 했지. [재주넘고 하는 것도 매구예요?] 항. [매구 꾸며가지고 온 사람들이 줄도 타고, 박첨지도 하고, 재주도 넘어요?] 하믄. [그 사람들이 남사당팬가요?] 그기 놀이꾼이라 놀이꾼. 남사당패밖에 없지. [어디 사람들일까요? 여기 염해 사람들이에요?] 아니라. 여기 사람들이 글 안하고, 타지방 사람들이 그리 꾸며가 댕인 사람들이 있어.

　　제보자: 한효섭(남, 81세. 1926년생), 경남 남해군 고현면 갈하리[126]

---

125) 이경엽·송기태, '(남해군 일대 조사보고서) 남해군 서면 염해마을 남사당패', 『남도민속연구』 제14집, 남도민속학회, 2007, 511쪽.
126) 위의 글, 522쪽.

남사당에서도 분명 줄타기와
땅재주를 한 것이다. 이러한 줄타
기와 땅재주는 우리나라의 경우
광대집단 사람들이나 하는 것이
다. 그런데 이렇게 남사당패에서
도 줄타기와 땅재주가 이뤄진 것
은 남사당패에 광대집단 사람들
도 어느 정도 들어갔기 때문이다.

국가적 행사의 산대희에서 탈
놀이, 쌍줄타기, 솟대타기, 외줄
타기, 땅재주, 구슬들 던져받기,
접시돌리기, 무동타기 등을 해
왔던 광대집단 사람들은 1784년

[그림 21] '전조선향토민속대회(全朝鮮鄕土民俗大會) 중
땅재주(1938. 5. 1., 서울 태평동 조선일보사 앞)
줄타기꾼 김봉업(광대집단 사람)이 땅재주를 하고, 쌍줄을 탔던
이우문이 송순갑에게 땅재주를 가르쳤듯, 대개 줄타기꾼이
땅재주를 겸했다.
좌측 상단에 줄타기 때의 작수목이 보이므로 이때의 땅재주는
역시 당시 줄타기를 했던 이정업으로 여겨진다.
국립민속박물관, 『석남 송석하: 영상 민속의 세계 -연희편』,
2004, 118쪽.

이후 국가적 산대희가 더 이상 이뤄지지 않자,[127] 이후 민간에서도 이러한 놀이들을
하게 된다. 서울·경기지역에서 산대가 없어도 탈놀이를 한 본산대탈놀이패, 경남 진주
의 이우문이 쌍줄타기패,[128] 경남 합천 밤마리와 의령 신반리 같은 상업 중심지에서의
솟대타기패[129] 등이 바로 그들이다. 이러한 광대집단계통 사람들이 사당패를 모방한
남사당패란 새로운 공연집단이 만들어지자, 이 패에도 더러 들어가게 된 것이다.

(한성준)[130] 그것을 말씀하면 과거는 다 없었던 때이라, 어떤 때는 굿중패·남

---

127) 졸저, 『광대 집단의 문화 연구① 광대의 가창 문화』, 집문당, 2003, 300쪽.

128) '솟대타기패'라고도 한다. 높은 솟대를 먼저 세우고, 양쪽에 줄을 달아 조금 낮은 작수목에 줄을 묶기 때문이다.

129) '대광대패'라고도 한다. 대나무로 만든 높은 솟대를 세우고 하기 때문이다.

130) "한성준은 춤만이 아니다. 북과 땅재주, 줄타기등을 겸하여 익혔고, 그의 춤은 남도(南道)것을 주로 한 민속
무용이었다." 박용구, '(풍류명인야화 86) 명무한성준 8', 〈동아일보〉(1959. 8. 26.)
한성준은 광대집안 사람이다.

사당·모래굿패에 섞여서 다니고, 당굿에 나가서 춤추고 귀한 어른의 생신 때에도
가서 놀고 동서부정(東西不定)으로 다녔던 것입니다.[131]

[그림 22] 위 땅재주의
연장

(경기도 부천 소사(素沙)) 할아버지가 '무당', 아버지도
'무당', 그리고 어머니와 외가(外家)집도 '무당' 가정,[132] 이
렇게 문명을 등지다시피한 가보(家譜) 밑에서
……

김(金)의 큰아버지벌이 되는 김복이(49. 현재 시흥군 가
리봉동에 살고있다)씨 말에 의하며 김의 할아버지가 워낙
이름난 무당이었다 하며 김의 아버지 김종완씨도 '남사당'
의 양손자로 입양하였고 열아홉살 때 같은 '남사당' 출신
의 하재전(49)씨와 결혼 5남매 중의 외아들이라는 것이다.

그리고 김씨(죽은)의 외가집도 '무당' 가보라 하며 현재 김의 고모(40세 가량)도
'무당'이라는 것이다.

〈동아일보〉(1959. 4. 27.)

올해 일흔여섯인 조선 시대의 마지막 광대 이 동안은 이제 너무 나이가 많아
줄 위에서 살판 재주를 넘지는 못한다. 그는 남사당패와 어울려 소년 시절을 보내
다가 재인청(*광대집단의 조직)에서 줄타기를 배웠다.[133]

김태삼 노인은 본래 전남 고흥 사람이며 두 번 상처를 했으나 둘이 다 단골무
녀이었고, 같이 굿을 하고 다녔다. 홀아비로 있는 동안, 굿을 할 수가 없었을 때에
는 사당패(*남사당패)의 유랑 예인으로 다니면서 3남 김윤동 씨를 농악의 삼무동

---

131) 한성준(1874~1941) 증언, '고수 50년'(1937), 장사훈 편, 『여명의 국악계』, 세광음악출판사, 1989.
132) 경기이남의 광대집단인 화랑이집단은 무부악공광대이다. 그러므로 여기서 '무당'이란 것은 무당집안인 동시
     에 광대집안이란 뜻이다. 졸저, '제3절 광대 집단들 1. 경기 이남의 화랑이 집단', 『광대 집단의 문화 연구①
     광대의 가창 문화』, 집문당, 2003, 86~116.
133) 뿌리깊은나무 편, 『숨어사는 외톨박이』, 1995, 76~77쪽.

(三舞童)으로 어깨 위에 올려세우고 재주를 부리기도 했다.

　　……

　　한편 김태삼 노인의 백씨(伯氏)는 사당패로서 별명을 '솔방울'이라 부를 만큼 땅재주의 명인이었고 그 부인의 언니의 아들은 70년대에 들어서 사망했으나, 인간문화재들 중에서도 아주 이름 높은 명창이었다. 구한말의 황실에서 벼슬들을 하사받은 2명의 명창과, 현재 중요 지정 문화재 판소리의 기능 보유자 2명과, 사당패(* 남사당패) 참가자 3명을 우리는 이 무가계에서 파악한 셈이었다. 그것은 단골[무녀]과 광대(廣大), 즉 무속과 판소리의 밀접한 상관 관계를 밝혀 주는 귀중한 자료였다.134) 그리고 여기에 포함되었던 3명의 이른바 사당패는……지난날의 민중 사회 연희의 전담자들이었다.135)

이에 경기도지역의 대표적 무부(巫夫. 화랑이)였던 이용우(1899~1987)는 다음과 같이 말하고 있는 것이다.

　　이용우(李龍雨)씨에 의하면……사니(廣大)와 사당패(*남사당패)와의 유사점 차이점에 대해서는……줄타고, 땅재주 넘고, 소리(唱)하고 음악(器樂)하고 하는 일들은 본래(本來) 사니들이 하던 것이다……그 땅재주나 줄타기를 사당패(*남사당패)들이 사니들에게서 배워간 것이다.136)

줄타기와 땅재주는 대체로 광대집단 사람들이 남사당패에 들어감으로써 하게 된 것이다.

그리고 이렇게 남사당패에 들어간 줄타기와 땅재주는 원래 광대들이 하던 것에 비해 단순화된 것이었다.

---

134) 앞서도 말했듯, 경기이남의 광대집단인 화랑이집단은 무부·악공광대였다.
135) 장주근,『한국의 향토신앙』, 을유문화사, 1998, 168~170쪽.
136) 장주근, '무속',『한국민속종합조사보고서 9 -경기도편』, 1978, 122쪽.

이를테면, 줄타기의 경우 원래 숫대타기패(쌍줄타기패)에 있던 손만대가 원육덕 남사당패에서 줄을 탔고,[137] 조송자는 7세 때부터 그에게 줄을 배워 9세 때부터 줄타기에 나섰다. 그녀의 줄타기는 이른바 남사당패의 줄타기라 할 만한 것이다. 남사당패의 줄은 높이 3m, 길이 5~6m라고 할 정도로, 높이 3m, 길이 10m인 광대줄보다 규모가 작고, 줄타기재주도 17개 정도로[138] 광대줄타기의 43개에 비해 절반도 되지 못했다. 공연 시간도 길게는 1시간 30분, 짧게는 30~40분 정도로, 제대로 타면 3~4시간을 타는 광대줄타기의 절반 정도였다. 그러나 그 내용은 상당 부분 광대줄타기에는 없는 것이었다. 광대줄타기는 전통사회에서 관청의 행사나 과거 급제자의 축하잔치 같은 데서 많이 타 상층의 사람들의 기호에 맞는 것도 상당 부분 지니고 있었다. 반면 남사당패의 줄타기는 대체로 일반 서민들을 상대로 한 것이기에, 일반 서민들의 생활이나 의식(意識)이 많이 반영되어 있었다. 이를테면, 다음과 같은 '콩심기'나 병신인 양반들 흉내, 나름대로의 처녀, 총각의 사랑, 양반들 앞에서는 하지 못했을 녹두장군의 언급 등이 그러한 것들이다.

[그림 23] 조송자(여)의 줄타기
국회의원 홍성우가 초청한 어버이날 공연

(5) 콩심기: 두 발을 오므렸다 폈다 하며 콩심을 때 콩무덤 밟는 시늉을 계속하며 앞으로 가기

---

137) "현 어름산이 조송자(趙松子) 여인의 스승이었던 손만대도 원육덕 패 출신으로 알려지고 있다." 심우성, 앞의 책, 1974:1989, 44쪽.

138) (1) 앞으로 가기, (2) 장단줄, (3) 거미줄 늘이기, (4) 뒤로 훑기, (5) 콩심기, (6) 화장사위, (7) 참봉대 맞아들, (8) 억석에미 화장사위, (9) 처녀 총각, (10) 외호모 거리, (11) 허궁잽이, (12) 가새트림, (13) 외허궁잽이, (14) 쌍허궁잽이, (15) 양반 병신걸음, (16) 양반 밤나무 지키기, (17) 녹두장군 행차 심우성, 위의 책, 105~106쪽.

(7) 참봉대 맏아들: 양반집 아들의 병신 걸음걸이

(9) 처녀 총각: 처녀 총각이 서로 소리를 주고받는 장면

(15) 양반 병신걸음: 곰배팔이(병신) 걸음걸이

(17) 녹두장군 행차: 전봉준(全瑲準) 장군의 당당한 걸음걸이[139]

이런 것들은 광대줄타기에는 없는 것이다.

땅재주에 있어서도 광대계통의 김봉업이 18가지 정도의 땅재주를[140] 전승한 것에 비해, 진주 이우문이패와 같은 쌍줄타기패에서 땅재주를 배워 남사당패에서 놀기도 했던 송순갑은 12가지 정도 전승하고 있었고,[141] 이에는 '부줏대넘기' 같은 작대기를 활용한 '작대기 땅재주' 같은 것이 들어 있지 않았다.

이 외, 다음 사실들로 보아, 발탈을 하기도 했다.

이밖에도 하나의 과제로 남는 것은 인형극 덜미(꼭두각시놀음)을 들 수 있는데 이것을 탈놀이로 보느냐 인형놀이로 보느냐도 문제지만 역시 생존한 연희자가 없어 그 윤곽을 잡을 수가 없다. 단지 남사당패 출신의 정일파·최성구·남형우 노인 등이 실제 놀아보지는 않았으되 10여 세 전후하여 구경을 했을 정도인데 그들이 회고하는 바에 의하면 발탈의 구조가 덜미에서의 상좌 인형과 같이 포벌[142]괴뢰임을 말하고 있음은 주목되고 있다.[143]

---

139) 상동.

140) ①뒷군두, ②널뒷군두, ③번개재주, ④지팡설손, ⑤옆시금, ⑥앞시금, ⑦고디앞시금, ⑧용틀임, ⑨살판배사림, ⑩살판수숫잎틀이, ⑪돌아때기, ⑫숭어뜀, ⑬팔꿇기, ⑭노구걸이, ⑮배돗대, ⑯오리걸음, ⑰부줏대넘기, ⑱모둘빼기 예용해, 『인간문화재』, 어문각, 1963. 64~65쪽.

141) ①앞곤두, ②뒷곤두, ③번개곤두, ④자반뒤지기, ⑤팔걸음, ⑥외팔걸음, ⑦외팔곤두, ⑧앉은뱅이 팔걸음, ⑨쑤세미트리, ⑩앉은뱅이 모발되기, ⑪숭어뜀, ⑫살판 심우성, 『한국 전통예술 개론』, 동문선, 2001, 104~105쪽.

142) 포대(布袋. 베로 된 자루).

143) 심우성, 앞의 책, 1974:1989, 160쪽.

[그림 24] 남사당패 남운룡이 시범을 보인
'발탈' 방식

정병호·최헌, '무형문화재지정 조사보고서 제149호
태평무와 발탈'(1983), 『무형문화재 조사보고서
제17집』, 문화재관리국, 324쪽.

이미 고인이 된 중요무형문화재 제3호 꼭두각시놀음 예능보유자 남형우(南亨祐, *남운룡의 다른 이름)씨는 1967년(심우성 조사) 마포구 합정동 민속극회 남사당에서 발탈 연희를 하였는데 그때의 것은 발에 탈을 씌워 양손 끝에 노끈을 연결시켜서 그 노끈은 위로 올려 대나무에 연결시키고 그 대나무를 양손에 쥐어 조작한 것이었다.[144]

김숙자(金淑子)씨(안성출신 무속무용인. *여, 1927~1991)는 아버지 김덕순(金德順)씨(무속음악에 밝았던 격(覡))가 하던 것을 본 기억을 다음과 같이 말한다.

발탈은 안성 남사당패들이 부락을 순회하면서 땅재주나 꼭두각시놀음, 또는 농악과 같이 하던 것이며 놀이판은 짚가리를 헐어 약간 높이 올려 무대를 만들고 정애비(허수아비) 모양으로 만든 인형(제웅)의 머리부분을 발바닥에 씌우고 팔(정애비의 손)은 노끈으로 연결하여 그 위에 저고리를 입히고 사람모양의 인형이 상반신만 보이게 하고 양손으로 노끈을 잡아 그것을 조종하여 팔이 움직이게 하여 연희한 것이라 한다.[145]

이동안씨는 남사당 사람들이 하던 발탈에 대하여 이렇게 말하고 있다.

친구 조동호(고인이 된 국악인)의 아버지 조갑철씨(광대(廣大))가 진위(평택) 장터에서 남사당공연을 하였는데 이때의 발탈은 조이탈(*종이탈)을 발에 씌워서 했고 팔꿈치와 팔목 두 곳에는 실패를 장치하여 그 구멍에다가 노끈을 연결해서 팔이 이중(二重)으로 움직일 수 있게 하여 노끈을 당기거나 놓으면서 조종했다고 주

---

144) 정병호·최헌, '무형문화재지정 조사보고서 제149호 태평무와 발탈'(1983), 『무형문화재 조사보고서 제17집』, 문화재관리국, 316쪽.

145) 위의 글, 315쪽.

장한다.146)

경기도 구리시 아천동 우미내 마을에서는 음력 정월 대보름 전날 밤에 마을 여자들끼리 모여 놀이를 한다. 이 놀이 종목 중에 발로 인형을 만들어 놀이는 것이 있다. 발에다 보자기를 씌우고 모자를 씌

[그림 25] 발탈(2017. 5. 28., 서울 상암동 월드컵공원 2017 전통연희 페스티벌 현장)
어릿광대는 조영숙(여, 1934년생. 발탈의 '재담' 부분 보유자)

워 사람 머리 모양을 꾸미고, 두꺼운 종이로 사람 얼굴을 그려서 박첨지라 불리는 인형을 만든다. 인형 조종자는 다락 위에 앉아서 이리 저리 발을 흔들면서 노는데, 관객들은 방바닥에 앉아서 이를 쳐다보며 발 놀리는 구경을 한다. '박첨지가 나온다. 박첨지가 나온다. 때루와 때루와 박첨지, 때루와 때루와 박첨지'라고 노래를 부르며 발을 놀리면, 구경하던 사람들도 어깨를 들썩이며 춤을 춘다. 이 발로 인형을 만들어 놀리는 놀이는 남사당패가 마을에 와서 하던 것을 보고 마을 사람들끼리 흉내 낸 것이다.

제보자: 김금순(여, 1924년생)147)

(문장원: 1917~2012, 부산 출생. 국가 중요무형문화재 제18호 '동래야류' 보유자) 내가 어렸을 때 족탈(*발탈)이란 걸 많이 봤어요. 그래서 어릿광대라는 기 어떻게 되는지 아는데, 어렸을 적 남사당패라고 있었어요. 부산에는 없었지만 전라도에서 많이 내려왔거든. 구경 많이 했어. 박첨지 놀음도 하고 족탈도 나오고 여

---

146) 위의 글, 316쪽.
147) 허용호 글, 정수미 사진, 『발탈』, 국립문화재연구소, 2004, 14쪽.

러 가지 나왔거든148)

　　완도 생일면(*전남 완도군 생일도) 서성리와 금곡리에서는 발에 광대(탈)을 씌우고 노는 발광대놀이가 전승되고 있다.

　　……

　　생일도 발광대의 유래와 전승 과정은 분명하게 확인되지 않는다. 노인들에 의하면 육지로부터 걸립패가 자주 들어와 공연을 했다고 하는데, 발광대도 내륙 쪽에서 들어온 연희패의 영향을 받아 성립된 것으로 추정된다. 생일도 발광대놀이의 유래를 추정하

[그림 26] 완도군 생일면 서성리의 '발광대' 연행
이경엽, 「전남의 민속극 전통과 광대(탈) 전승」, 『전통문화연구』
제3집, 용인대 전통문화연구소, 2004, 49쪽.

기 쉽지 않지만 유랑연희패에 의해 전파된 것으로 짐작된다. 남사당패로 대표되는 유랑예인들이 완도를 비롯한 서남해지역 연희에 여러 가지 영향을 미쳤는데, 발광대도 그것의 한 양상이 아닌가 한다.149)

'얼른' 곧 '요술(마술)'을 하기도 했다.150)

　　실제 남사당놀이의 기능자 중 각 연희분야의 선임자를 뜬쇠라 부르는 바 뜬쇠는 14인 내외로 다음과 같다.

---

148) 수원시, 『수원 근현대사 증언 자료집Ⅲ』, 2005, 166쪽.
149) 이경엽, 「전남의 민속극 전통과 광대(탈) 전승」, 『전통문화연구』 제3집, 용인대 전통문화연구소, 2004, 46·51쪽.
150) 이우문이 쌍줄타기패(*솟대타기패)도 '얼른'을 했다.
　　"관객들은 솟대를 중심으로 둥그렇게 둘러 앉거나 서서 관람하였다. 솟대타기 이외에 풍물(농악)·요술(얼른)·병신굿·대접돌리기(버나)·땅재주 등을 공연하였다. 판놀이에서 포수는 탈을 썼고 사자 역시 탈을 만들어 쓰고 춤을 추었다." 서연호, 앞의 책, 1997, 290쪽.

상공운님: 풍물잽
이의 총수로 꽹과리
중 상쇠를 맡는 사람
징수님/ 고장수님
/ 북수님/ 회적수님/
벅구님/ 상무동님
회덕님: 선소리꾼
중의 앞소리꾼
버나쇠/
얼른쇠: 요술쟁이
중의 우두머리
살판쇠/ 어름산이
/ 덧배기쇠/ 덜미쇠151)

[그림 27] '다온 전통마술단'의 공연(2017. 5. 27. 서울 상암동
월드컵공원, '2017 전통연희 페스티벌' 현장)

'남사당패'는 꼭두쇠(우두머리)를 정점으로 풍물(농악), 버나(접시돌리기), 살판
(땅재주), 어름(줄타기), 덧뵈기(탈놀이), 덜미(인형극 꼭두각시놀음) 등 여섯 놀이
(옛날에는 '소리판', '요술' 등도 있었음)을 가지고 일정한 보수없이 숙식과 다소의
'노자(路資)'만 제공받게 되면 마을의 큰 마당이나 장터에서 밤새워 놀이판을 벌였
다.152)

허: 그거……하고 또 '얼른'이라고 있잖아요?

심: 양도일 씨가 조금 했고, (*허용호: 양도일) 예. (아) 송순갑 씨도 조금 했어
요. 그 두사람이에요.

허: 어떤 형식이었어요? '얼른'……

심: 요술부리기에요. 요술부리는 것.

……

---

151) 심우성, 앞의 책, 1974:1989, 34~35쪽

152) 심우성, '(기획2: 조선후기 사회변동과 예술) 남사당패', 『역사비평』, 역사비평사, 1993. 11., 362쪽.

심: ……종이를 (양
손가락으로 종이를 꼬
아 긴 선을 만드는 시
늉) 종이를 꼬아서 (오
른쪽 귀에 넣는 시늉)
여기다 넣구선 (왼쪽귀
에서 잡아당기는 시늉)
여기서 빼요. (아) (일
동 웃음) 근데 실제로
는 (목 뒤를 가리키며)

[그림 28] '다온 전통마술단'의 색종이 뽑기

종이가 뒤로 간 거지. (오른쪽 귀를 가리키며) 종이가 일로 간 게 아닌데……그런
걸 아주 능한 어… 그걸. 그 두 분이 돌아가시기 전에 다 정리도 못해봤어요. (음)
그런 것이에요.153)

당진 출신의 남사당 예인으로는 정일파(鄭―波 , 1902～1981)와 전근배(1892～
1959)가 대표적인 인물로……정일파는 이우문 솟대쟁이패에서 쇄납수로 활약했으
며, 덧배기춤, 마술, 차력에도 능했다.154)

독자적인 공연이 될 만한 춤이 있기도 했다.

(*김인선) 그럼 한량무가 권번에서 출 때는 대청에서 추었다구요?

(*이동안) 무대에서 추었지.

……

남사당에도 한량무가 있어요. 탈춤에. 이거 비슷하지.

(김인선) 선생님 한량무에도 풍자나 파계승에 대한 조롱 같은 것이 들어 있나요?155)

---

153) 국립예술자료원, 앞의 책, 107～108쪽.

154) 박혜영, 「남사당의 이합집산과 당진지역 걸립패의 활동」, 『남도민속연구』 32권, 남도민속학회, 2016. 6.,
116～117쪽.

[그림 29] 남사당패 풍물에서의 춤꾼
오른쪽에 있는 사람은 긴 한삼을 하고 있어 전문적 춤을 맡은
사람임을 알 수 있다.

해금 연주 같은 것을 하기
도 했다.

절라도 지경으로부터
남사당패들이 이곳 충청
도로 들어와서(흘러와
서)……
　두리둥둥 둥둥 두리……
장고 호젓에 꽹과리
징에 또 앵금(*해금) 소

고……소리에 발마춰 꼭갈 쓰고 사당복(*남사당복)을 입은 풍률군들이 두팔을 너훌
거리고 다리를 들먹이면서 춤을 추고 있다.

　두리둥둥 둥당두리 둥둥……
자지러지게 나는 풍률
에 홀려서 마을사람들은
모다 강변으로 몰려가고.
마을집은 텡- 비여 있었
다.156)

　(판소리) 이덕순 옹은
20세 정도 나이 때(*1918
년) '노랑쇠'라는 분이 남
사당을 따라다니다 구룡
동(九龍洞)에서 성양(대장
간)을 하고 살게되어 그

[그림 30] 경기도 개성 덕물산 도당굿에서의 남사당패(1931. 5.
13.)
춤을 추는 사람은 남사당패 일원으로 여겨진다.
적송지성(赤松智城)·추엽륭(秋葉隆) 공저, 심우성 역, 『조선
무속의 연구 (하)』, 동문선, 1938:1991, 도록 138.

155) 수원시, 『수원 근현대사 증언 자료집Ⅲ』, 2005, 142쪽.
156) 김송, (소설)〈남사당〉(1947년 11월 작), 『(김송 단편집) 남사당』, 숭문, 1949, 98쪽.

분에게 가야금 만드는 법과 해금 만드는 법 그리고 연주법을 배웠으며 판소리 한 대목을 배웠다고 하셨습니다.

......

(해금) 진도에 해금이 들어온 것은 지금부터 약 70년전 남사당패를 따라온 일명 '노량쇠'라는 분이 진도에 왔다가 남사당패에서 이탈하여 의신면 구용동(九龍洞) 부리터(솥, 따부, 보섭 등을 주물로 만들던 곳)에서 성냥(대장간)을 하고 생활하시다가 해금을 만들어 연주를 하는 기능을 청용리 이덕순(李德順89·인천거주)씨께서 그 당시 전수받아 이씨는 직접 손수 해금, 가야금 등을 만들어 연주하셨는데 지금도 손수 만든 해금을 가지고 있습니다.157)

어떤 경우에는 당시 들어와 공연을 다니던 중국인 곰놀이를 흉내 내어 하기도 했다.

그것 또 곰재주라고 마당에다 덕석 펴놓고 벅수를 넘고 막 뛰김뛰기 그런 것 허는 것은 봤지. [벅수를 넘는 것이 무슨 말이에요?] 넘는 것 거꾸리. 고걸 보고 그때 말로는 '곰재주 헌다' 그러거든······주로 말하자믄 중국 사람들이 옛날에 그걸 많이 하고, 한국 와서 했거든. 그 사람한텐 가죽을 둘러 씌갖고 이런 마당에 와서 곰형세를 하고 그랬거든. 중국 사람들이 와서. 인자 그걸 남사당패들이 보고 고것도 허고 그랬어. [여기 남사당패들도 곰옷을 입고 했어요?] 아믄, 그것도 했지. 그래 그걸 보고 우리 근방 어르신들 다 고인이 돼불고 죽어불고 안 계시지만은, 혹시 술 잡수고 장난판이 벌어지믄 그런 놀이개를 많이 했어. 곰재주 헌다고 막 웃고 그래쌓거든. '저 아무개집이 곰재주 헌다'고 그랬거든.
　제보자: 박부명(남, 만80세. 1926년생), 전남 광양시 진월면 신답마을158)

남사당패 출신 김재원(1923~1992. 1929년에 남운룡패에 들어감)에 관한 글을 쓰며

---

157) 허옥인 편저, 『진도속요와 보존』, 진도민요보존회, 1986, 420·444쪽.

158) 이경엽·송기태, '(남해군 일대 조사보고서) 남해군 서면 염해마을 남사당패', 『남도민속연구』 제14집, 남도민속학회, 2007, 515쪽.

조사자가 "남사당은 특별한 종목을 장기로 삼는 놀이패가 아니다. 서민사회에 즐길 만한 것이면 무엇이든지 다 해서 보여주는 게 바로 그들의 장기이다"라고[159] 하기도 했듯, 1920년대 이후의 남사당패는 일반 사람들이 관심을 가질 만한 어떤 공연물이든 그들이 할 수 있는 것은 모두 다 한 집단이었다 할 수 있다.

그리고 이러한 공연 종목들은 앞서 줄타기와 땅재주에서도 보았듯, 여러 종목들 중 하나로 공연하는 것이기에, 대체로 간단한 형태로 했다. 그러나 1920년대 이후 그들의 주요 공연 종목이었던 풍물만은 다른 어떤 풍물도 따라올 수 없을 정도로 지속적으로 발전시켰다. 그래서 1930년대에는 그들의 풍물에 대해 일반적으로 다음과 같이 말하게 된 것이다.

조선특산품전람회기념 민속노리대회

; 농악-전라도 결궁패-이농악은 옛날 신라조시대 인민개병(人民皆兵)이든 그때의 유풍으로서 일종 통제된 진법이요 군사적 훈련으로도 볼 수 있는 것이다. <u>이 농악이 좀더 향상된 것이 결궁패요 이 결궁패가 더 향상된 것이 사당패(*남사당패)가 될 것이다.</u>

〈조선일보〉(1938. 4. 21.)

또 풍물 중에서도 이들이 지속적으로 발전시킨 것은 무동타기다. 앞서 사당패 노래 위주로 공연하던 원남사당패의 공연도 간단한 풍물, 무동타기, 노래 세 종목이었듯, 무동타기는 분명 남사당패의 주된 공연물이었다. 남사당패는 무동인 남자아이를 여장시켜 이른바 '남사당'을 만들어 공연을 시작한 단체였고, 실제로도 사당패의 사당이 치마를 벌려 돈을 받거나[160] 입술로 돈을 받듯,[161] 다음처럼, 남사당인 무동들도 이러한

---

159) 최나영, '팔도를 떠돌던 남사당은 민초들의 삶의 대변자: 무형문화재 3호 남사당놀이 예능보유자 김재원', 『(월간) 시대인물』 1991년 4월호 통권 12호, 시대인물사, 92쪽.
160) "화초사거리:……이 소리는 사당들이 치마동냥할 때 부른 것으로 본다." 허옥인 편저, 『진도속요와 보존』,

사당의 흉내를 내며 돈을 받았기 때문이다.

> (육자백이) 옛날 우리 조상들은 장터 마당이나 마을의 큰마당으로 다니면서 소리판을 벌이던 소리꾼(남사당 등)들이 있었다. 소고를 치면서 춤도추고 노래하던 이 소리꾼들의 소리는 고장마다 달랐는데 전라도에서는 먼저 '보렴'이나 '화초사거리'(남사당 치마동냥소리)와 같은 염불 소리를 하고나서 '육자배기' '자진 육자배기' '흥타령' '개구리타령' 등의 짧은 소리로 하다 끝에는 '새타령'이나 '까투리타령' 그 밖에 그지방의 토속민요를 때에 맞추어 불렀다.[162]

> 미리 준비해 가지고 간 동전을 앞으로 내던져 주는 사람이 있고 또 수시로 무동들이 돈을 <u>받으러 돌아다닌다. 짓궂은 젊은이(대부분이 머슴들이다)들은 돈을 던져주지 않고 동전 끝을 자기 입에 물고 기다린다. 그러면 여장(女裝)한 예쁜 무동들이 반드시 자기 입으로 그 동전을 빼가야 된다.</u> 따라서 자연히 입을 맞추게 되는데 머슴들이 노리는 것은 바로 이 재미다.[163]

그러므로 소리 위주의 원남사당패였든, 풍물 위주의 1920년대 이후의 남사당패였든, 흥행 면에 있어 가장 앞세워야 될 것은 남사당 곧 무동들이다. 그런데 어린 나이의 무동들은 소리에 있어서는 한계가 있어 후렴을 받는 정도의 일밖에 할 수 없었다. 그래

진도민요보존회, 1986, 44쪽.

161) "그 흥행에 있어 남자가 소고를 잡고 무대 위에 벌여 서고 여자가 마주서서 먼저 노래(시속(時俗)의 잡가(雜歌)를 꺼내면 남자들이 일제히 소리를 내서 그 노래를 받는다. 혹 먼저하기도 하고, 혹 뒤에 하기도 하며, 혹 소고를 두드리기도 하고, 혹 창(唱)을 하기도 한다. 묘기(妙技)가 절정에 이르게 되면 청중이 박수갈채를 보내며 돈을 던져서 상(賞)을 준다. 혹 동전을 입에 물고 '돈, 돈' 소리를 내면 여사당이 가서 입으로 돈을 받으며 입맞추는데 또한 묘기(妙技)이다. 이것이 동기가 되어 밤에 몸을 바치고 받는 것을 화대(花代. 화채(花債))또는 해의채(解衣債)라고 일컬었다)……이것이 사당패의 영업행위였다." 이능화 저, 이재곤 역, 『조선해어화사(朝鮮解語花史)』, 동문선, 1926:1992, 445쪽.

162) 허옥인 편저, 『진도속요와 보존』, 진도민요보존회, 1986, 40쪽.

163) 남운룡, '서민의 갈채속에 유랑50년 -남사당연희로 방방곡곡 누벼', 『신동아』 통권 제47호 7월호, 동아일보사, 1968, 264쪽.

[그림 31] 남사당패의 무동타기2
부산박물관 학예연구실, 『사진엽서로 보는 근대 풍경기 6』, 민속원, 2009,
372쪽.

서 무동타기의 이 공연을 지속적으로 발전시켜 온 것이다. 그래서 무동에는 삼무동,
사무동,164) 오무동(곡마단)165) 등 일반인들이 흉내 낼 수 없는 기예들을 발전시켰고,
이(二)무동의 경우에도 "머리 올라갔다가 양쪽 팔, 어깨로 갔다가, 또 팔꿈치로 갔다가
그런 부분(남기문)"처럼166) 다양한 기예들을 개발하였다. 이러한 무동타기를 '꽃나부'
라 했으며 사실상 남사당패 공연의 하이라이트였다. 1950년대 남운룡이 포장무대 공
연을 하던 때에 남사당패에 들어간 박용태(1943년생)도 이에 대해 다음과 같이 말하고
있다.

    새미(여장을 한 남자무동)가 중요한 게 아니라 실질적으로 새미역할이 제일 중
    요해요, 아무것도 아닌 듯싶지만 그게 꽃이야. 그 춤이 지금 아무것도 아니라고
    하는데 왜 아무것도 아니야, 이게 제대로 딱 춤을 추면 팔이 떨어져 나가, 서가

---

164) 삼무동의 제일 높이 올라간 무동이 한 명을 더 가슴에 안는 것.
165) 삼무동에서 양쪽에 한 명씩 더 매달리는 것.
166) 박용태·양근수, 『박첨지가 전하는 남사당놀이』, 앰·애드, 2008, 40쪽.

[그림 32] '전조선향토민속대회(全朝鮮鄕土民俗大會)' 중 전라도
'걸궁패'의 12발 상모(1938. 5. 4., 서울 태평통 조선일보사 앞)
국립민속박물관, 『석남 송석하; 영상 민속의 세계 –연희편』,
2004, 110쪽.

있는 법이 없어, 항상 춤이지. 새미는 그 당시에는 한 5m 떨어져서 그냥 딱 던지면 저쪽 가서, 삭 들어붙고 그랬었어. 지금은 그렇게 못하는 게, 왜 못하느냐, 지금은 나돌아다니는 애들이 없으니까. 전부 다 부모들이 있기 때문에, 만약 그 애들 데려다가 연습시켜가 던지면, 그 다음날 데려가서 안 나와요, 그러니 그만큼 기술이 중요했었고, 요즘 새미는 아무것도 아니지, (…) 당연히 그럴 수밖에 없는 것이(춤 이외에 중요한 이유는), <u>그게 새미 역할이 왜 중요하냐면 돈도 걷어 와야겠지만, 걔들 하는 기술이 농발이니, 맏둥이니, 그게 기술이거든</u>, 세상 그러는 게 없던 것이 막 올라가고 내려가고 농발이라는 건 양쪽어깨에 타 올린다고, 공마당(*곡마단) 차고 지금 나오는 것처럼 차고 타고, 일반적으로 봤을 때는 아무것도 아니지만, 그게 남사당 판굿의 하이라이트야, 그런데 지금은 남사당 하는 것을 보면 여기저기 사방천지에서 흉내 내는 것이지[167]

그리고 단적으로 '남사당패의 장기는 무동타기다'고 하기도 한다.[168] 시간이 갈수록 남사당패에서 '남사당'을 제대로 보여 줄 수 있는 공연 종목은 무동타기였던 것이다.

또 조명암이 1922년 전에 자신의 마을에 온 남사당패를 보고 지은 시 '민속시초(民俗

---

167) 위의 책, 26쪽.
168) "남사당: 떠돌이 광대패인 남사당은 춤과 노래 그리고 갖가지 재주로 구경꾼들에게 엽전을 받아 생활했다. 가장 장기로 삼은 것이 무동타기였다." 조풍연(1914~1991) 해설, 『사진으로 보는 조선시대 –생활과 풍속』, 서문당, 1996, 113쪽.

詩抄) 남사당편(篇)'에 12발 상모를 노래한 〈상무춤〉이란 작품이 있듯이,[169] 이 12발 상모도 남사당패만이 제대로 할 수 있었다.

무동이 자라서 나중에 공연단을 이끌어 나간다면, 이 무동들은 고아거나, 서자(庶子) 출신이거나,[170] 가출한 아이거나, 가난한 집 아이들이어서 자라서도 어디 갈 만한 데가 특별히 없는 아이들이다. 나이가 들어 들어온 사람들도 대개 머슴 출신으로[171] 단체를 나와도 마땅히 가고 싶은 데가 없는 사람들이었다. 이른바 '집도 절도 없는 사람들'이었다.[172]

이렇게 말 그대로 '집도 절도 없이' 유랑하며 오직 공연이나 하며 살아가야 했던 그들은 언제나 최선을 다하여 필사적인 공연들을 하며 돌아다녔을 것이다. 그래서 점차 민간에서도 하나의 공연집단으로 그들의 존재를 인정받아 다음처럼 민간의 각종 세시놀이, 고을굿이나 마을굿, 민간의 개인적 잔치 같은 데도 그들은 임의로 참여하거나 초청받아 공연 활동을 할 수 있게 되었다.

지방단평−원산(元山)

; 강원도 방면에서 남사당패가 들어와 성황지신(城隍之神)이라는 기(旗)를 앞서고 가가(家家)마다 단이면 소위(所謂) 신년축복(新年祝福)을 한다는데 공익사업에는 일푼 아니쓰든 완고배(頑固輩)들이 오원 십원을 불석(不惜)한다고 미신(迷信)에만 깨인 모양(模樣)

〈동아일보〉(1925. 2. 23.)

---

169) 최원식, '(자료·해제) 풍속의 외피를 쓴 서정시 −조영출(趙靈出)의 민속시 6편-', 『민족문학사연구』 26권, 민족문학사학회·민족문학연구소, 2004. 11.

170) "집도 처자식도 없는 사람들의 유랑집단, 그들중엔 서자출신들도 적잖이 존재하고 있었다." 최나영, '팔도를 떠돌던 남사당은 민초들의 삶의 대변자: 무형문화재 3호 남사당놀이 예능보유자 김재원', 『(월간) 시대인물』 1991년 4월호 통권 12호, 시대인물사, 92쪽.

171) "즈는 인제 머심 살다, 머심 살다 나왁거던. 촌이서", "전근배? (청자: 예.) 전근배 참…그분두 머심 살다 나왔어." 황인덕, 앞의 책, 507·534쪽.

172) "거기 또 거기 집두 절두 읁넌 사람이 인저 한 여남 명이 또 거기 뭉쳐 있어. 오두 갈 디두 읁이" 황인덕, 앞의 책, 499쪽.

예전가트면, 보리마당질 뒤에 그들은 가양한 막걸니잔을 난우면서, 정자나무 밋
테서 골패를 하고 노럿슬 것이다. 젊은축들은 압내에서 미역감고 여자들은 달밤에
드델방아를 찌며 군소리를 불럿다. 읍내는 난장이 서고 <u>남사당패는 근립을 꾸며가</u>
<u>지고 각촌으로 도라단엿다.</u> 그들은 농가의 맥추(麥秋)를 엿본 것이다. 농군들은 밀
보리를 파러서 돈량이나 잇슬 대목이였다.

      이기영, (소설)〈고향 (56)〉, 〈조선일보〉(1934. 2. 4.)

[그림 33] 남사당패의 무동타기3(1935년)
엽서의 제목이 '풍년용(豊年踊)'이라 되어 있어 추석놀이 때인 것을 알 수 있다.
부산박물관 학예연구실, 『사진엽서로 보는 근대 풍경기 6』, 민속원, 2009, 375쪽.

금일(今日)은 단오절(端午節)

    ……집집마다 오월 단오 준비에 한참 분망하엿스며 거리마다 줄다리기가 잇다
<u>사당패(*남사당패)의 산두도감이 논다</u> 또 절믄 남녀들은 한떼가 되여 놉흔 언덕
우에 풍치좃케 느러진 홰나무에다 당그럿케 근네를 매고

      〈동아일보〉(1920. 6. 20.)

초벌 두벌 기음도 끝난뒤라 앞으로 팔월추석도 달포밖에 안남은 칠월칠석 명절을 전후하여 절라도 지경으로부터 남사당패들이 이곳 충청도로 들어와서 (흘러와서) 강변에 노리를 버리든 것이었다. 그러므로 '작골' 사람들은 해해년년 칠석날을 큰 명절이라고 할뿐만 아니라 이날 하로만은 집집이 막걸레를 한독식 걸으고 호박국에 감자 부침을 안주로 하여 잘먹고 잘노는 것이다.

<u>칠석노리는 남사당패들이 중심이 되어 노리를 베풀지만</u>, 떡이며, 술이며, 안주 마련은 동내 추념으로 이좌수집에서 차리는게 전례였다.[173]

[그림 34] 남사당패의 무동타기4(1935년)
왼쪽 2동을 탄 아이가 남사당패의 무동 아이여서, 이 놀이를 한 사람은 남사당패인 것을 알 수 있다. 국립민속박물관, 『석남 송석하: 영상 민속의 세계 －연희편』, 2004, 131쪽.

우정원씨(*1922년생)에 의하며 '고창굿'이라는 것은 '도당(都堂)굿'[174]과 같은 뜻의 말이다. 경기도에서도 김포 시흥 강화 등지에서는 도당(都堂)굿이라 부르고, 광주(廣州), 여주, 이천군 등지에서는 고창굿이라 부른다고 했다. 이러한 굿에서는 흔히 난장판들이 벌어지고, 줄타기니 땅재주니 하는 구경거리들도 있어서 남사당패와 화랭이패가 혼동될 수 있으나, 그것은 어디까지나 별개(別個)의 것이었다.

고창굿을 하는 지방(地方) 주최측(主催側)에서 사제자(司祭者)의 무리로서 화랭이패를 부르는 동시에 <u>구경군들을 모으기 위해서 따로 남사당패를 부르기도 한 것이지</u>, 남사당과 화랭이는 어디까지나 다르며, 남사당패를 낭청패라 부르기도 했다고 한다.[175]

173) 김송, (소설)〈남사당〉(1947년 11월 작), 『(김송 단편집) 남사당』, 숭문, 1949, 98쪽.
174) 경기도지역에서 마을굿을 흔히 '도당굿'이라 한다.
175) 장주근, '무속', 『한국민속종합조사보고서 9 －경기도편』, 1978, 120쪽.

고로들에 의하면 이러한 당굿 마당에 남사당이 왔다고 하는데, 마을 공동체의 축제에 남사당패가 들어와 공연했음을 알게 해준다. 고란 사람 중에는 지금도 건고패들이 풍물을 치고 놀면 '남사당놀이한다'라고 말하는 사람이 있는데, 남사당패가 축제에서 연희를 하던 것의 잔영으로 여겨진다.

(전남 신안군 도초면 고란리)176)

[그림 35] 경기도 개성 덕물산 도당굿에서의 남사당패 놀이
(1931. 5. 13.)
적송지성(赤松智城)·추엽륭(秋葉隆) 공저, 심우성 역, 『조선 무속의 연구 (하)』, 동문선, 1938:1991, 도록 137.

추석은 내 선친(先親)(*1919년 사망)의 아명(兒名)이다. 누구나 '추석동(秋夕童. *추석날 태어났음)이로구나' 하는 것쯤 짐작이 갈 것이다

……8월 초부터……

……14일부터 16일까지 연(連) 3일 잔치가 벌어진다. 해주기생 벽서(碧西), 개성기생 금파(金波), 혜옥(惠玉)이도 출장(出張)을 왔다. 광대와 남사당패도 불러들였다.

……마지막날은 무등타기, 광대, 줄타기 구경으로 밀려드는 인근의 남녀노유를 전부 접대하고 한편으로 걸인(乞人)잔치도 베풀었다.

최은희(1904년생), '추석회상', 〈경향신문〉(1965. 9. 9.)

그리고 평소에는 벽지(僻地)의 마을들을 찾아다니며 풍물 위주의 공연을 했다. 이렇

---

176) 이경엽, 「도서지역의 민속연희와 남사당노래 연구 -신안 남사당노래의 정착 과정을 중심으로」, 『한국민속학』 제33집, 한국민속학회, 2001, 245쪽.

게 풍물 위주로 마을과 마을을 돌아다니며 공연을 할 때는 줄타기나 땅재주 등 비교적 고급 기예를 하던 사람들은 동행하지 않았을 것으로 보인다. 그런 고급 기예 기능이면 대처의 극장이나 공연장 같은 데서도 충분히 활동할 수 있었기 때문이다. 더군다나 그렇게 마을을 돌아다니며 하룻밤 숙식(宿食)을 제공받는 조건으로 마을에 들어가 공연하는 것도 열에 일곱은 허가가 나지 않았다.[177] 그래서 다음과 같은 고생이 일상화된 남사당패의 공연 활동이었다.

김재원씨(*1923~1992. 7세 때인 1929년에 남운룡패에 들어감)는 팔도를 유랑하며 놀이를 팔던 그 시절이 고생스럽긴 했어도 가끔씩은 추억으로 되새겨진다고 한다. 집도 처자식도 없이 하늘을 지붕삼고 허리띠를 양식삼아 마을에서 마을로 옮겨다니며 놀이를 팔아 끼니를 잇고 또 다른 유랑을 준비하던 시절, 승낙없이 마을로 들어가 자다가 한밤중에 쫓겨나온 기억들은 지금도 추억으로 남아있지만 당시를 생각하면 어린마음에 아찔했다고.

"마을입구에서 농악을 치며 우리가 왔다는 것을 신고하고 마을의 구장, 반장에게 허락을 받아야 했는데, 한번은 마을의 구장이 이웃마을에 회의를 갔다 하여 마을 사람들에게 간청하고 양해구하여 사랑채를 하나 얻어들었댔지요. 헌데 한밤중에 구장이 들이닥쳐 나가라 하는 것이었습니다."

<u>동구밖 고목나무 아래서 40여명이 찬이슬을 맞던 일도 차츰 익숙해졌다고 한다.</u>
떠돌이 방랑객인 이들에게 그리 인심좋게 선뜻 숙소와 식사를 제공할 마을은 그리 흔하지 않았다. 어쩌다 인심좋은 마을에라도 들면 사랑채와 밥한공기라도 얻어먹게 되지만 <u>그렇지 못한 날엔 어린 무동들 8명이 구걸을 나가야 했다. 집집마다 다니며 밥 몇공기 얻어 그것으로 끼니를 때우면 남사당은 동네마당에 불을 지피고 놀 채비를 한다. 얻어먹은 밥값은 물론 다음날 아침 끼니를 해결해야 하기 때문이다.</u>

---

177) "'대개의 경우 열에 일곱은 곰뱅이가 트지 않았다'고 한다(남사당패 정일파(鄭一波)·남형우(南亨祐)·양도일(梁道一) 노인 등의 회고담)" 심우성, 앞의 책, 1974:1989, 39쪽.

"점심은 보통 안먹는 것으로 돼 있었지요, 저녁 못먹는 날도 허다했는 걸요. 놀아준 다음날 인심좋은 집에서 밥사발이 넘치도록 밥이 나오면 반은 먹고 반은 점심에 먹으려고 싸서 허리춤에 달아두곤 했습니다."

<u>다음날을 위한 한 공기의 밥도 보장받지 못하는 삶.</u>

그래도 그들은 어느 하나 푸념하지 않았으며 떠나는 사람도 없었다고 한다. 이것이 바로 방랑집단의 생리인 것이다. 김재원씨 자신도 돈 한푼 모으지 못하는 생활이었지만 그저 돌아다니며 놀이하는 것이 좋았다고 회고하고 있다.[178]

그러므로 이용우(1899~1987)가 "줄타고, 땅재주 넘고, 소리(唱)하고 음악(器樂)하고 하는 일들은 본래(本來) 사니들이 하던 것이다"라고[179] 했듯, 줄타기, 땅재주도 하고 소리도 하고, 악기 연주 능력이 있던 광대집단 사람들은 그들의 기예능을 발휘하고자 일단 하나의 공연집단이 되었던 남사당패와 일정한 관계를 맺기는 하였으나, 이런 하루하루의 숙식(宿食)도 해결할까 말까 하는 벽지 마을들까지의 유랑 공연에는 대체로 참가하지 않았을 것이다. 광대들은 그러한 남사당패 공연 외에 다른 공연들에도 얼마든지 참가할 수 있었고, 그들에게는 이러한 집도 절도 없이 떠돌이 유랑집단인 남사당패와 달리 나름대로 일정한 집과 가족이 있었기 때문이다.

그래서 이렇게 시골 마을들을 찾아다니며 대처에서의 공연을 접하기 어려워 '볼 것이 귀했던'[180] 시골 마을의 공연 수요를 바탕으로 하룻밤 숙식이나 해결하고 적은 수입이나 잡으며 유랑 공연 활동을 했던 이들은 축제적 장소에서나 장터에서의 공연과 달리 풍물 위주의 공연이나 하였을 것이다. 이런 남사당패를 일단 흔히 '걸립패'라 했다.

최군선, 글립패 거기 한, 오래는 안 댕기구 한 이십일 한 이십일 댕기다(*함경도

---

178) 최나영, 앞의 글, 90~91쪽.
179) 장주근, '무속', 『한국민속종합조사보고서 9 -경기도편』, 1978, 122쪽.
180) "그런디 그쩍이는 인저 그 세월이 귀경거리가 귀헌 귀헌 때라" 황인덕, 앞의 책, 506쪽.

원산에서)···우리는 포장걸립 해 밥 사 먹구 댕기는디. 촌이서 밥 시켜 먹구 은어
먹구

　　"하이구 추접해서 못 댕기겄다."구.

　　그래서 한 이십일 댕기다 그냥 떨어져서[181]

　　남운룡이가 인저 글립을 꾸며가지고 사무 그렇게 댕깅 거여. 글립만 꾸며가지
구, 댕기면서 허다······그래 댕기면서 인제 글립을 해가지구 댕기다가 워특 하다 인
제 박첨지를 박첨지를 꾸며가지구 꼭두각시를 꾸며가지고 또 워특 해서 고걸루 인
제 놀리게 인자 배워가지구[182]

혹은 '노름마치패'라 했다.[183]

　여기서 송순갑이 '걸립'이라고 한 것은 풍물 공연을 말한다. 절걸립패, 낭걸립패 등
과 같은 풍물패와 같은 것으로 남사당패를 본 것이다. '노름마치패'도 풍물 공연 집단
에 가까운 것이다. 이렇듯 남사당패는 일반인들이 관심을 가질 만한 여러 공연들을 가
능한 한 갖추어 하는 집단이었지만, 평소 시골 마을들을 돌며 공연할 때는 대체로 풍물
중심으로 공연을 한 것이다.

　또 이러한 '걸립패'란 일반적인 말보다 보다 구체적으로 '낭걸립패'라 하기도 한다.

　　송옹(*송순갑)이 알기로는 원남사당패는 6, 70년(*1990년 증언) 전에 없어졌다.
　　그 이후로는 남사당이라는 용어를 쓰지 않고 낭걸립이라 했다. 집도 절도 없는 사
　　람들이 어울려 다니면 낭걸립패를 이루었다.[184]

---

181) 황인덕, 위의 책, 537쪽.
182) 위의 책, 541쪽.
183) "우리는 불르기 좋아서 우리는 저릏게 걸립패가 오먼, '저 노르마치, 노르마치 패가 오능구나.' 이렇게 신사적
　　으루 허지" 위의 책, 548쪽.
184) 이소라 편저, 『대전웃다리농악』, 대전직할시, 1991, 61쪽.

집이 읊는 사람은 인제 <u>난걸립 난걸립이나</u> 하구 댕기구[185]

(청자(황인덕)가 옛날에 난걸립패가 두 패밖에 없었느냐고 묻자)
 응. 최군선이 인제 최일룡이. 두 패백이 읊었어[186]

   남사당과 화랭이는 어디까지나 다르며, <u>남사당패를 낭청패라</u> 부르기도 했다고
한다.[187]

위에서 '낭청패'란 말은 세습 무속인들이 자신들을 '신청(神廳)패'라고 하는 것과 관계해서 한 말로 '낭걸립을 하는 패'를 말한 것으로 보인다.

그러나, 앞서도 보았듯, 낭걸립은 고을이나 마을에서 서낭신을 내려 그러한 서낭대를 앞세우고 지역사회나 마을을 돌며 재물을 거두어 고을이나 마을에서 하고자 하는 일을 일조(一助)하는 것이기에, 이 말을 남사당패 걸립에 쓰면 적절치 않다. 그리고 실제 낭걸립과도 혼란이 생긴다.

마을 이장의 허락이 없어도 마을이나 절에서 판놀이를 붙이기도 하고 시주자의 집들을 일일이 찾아다니며 고사염불을 주로 하는 절걸립은 숙식을 스스로 해결한다. 그러나 낭걸립은 다음처럼 마을 이장의 허락을 받고 그를 통해 숙식을 해결한다. 그리고 그러한 마을 주민들을 대상으로 판놀이도 벌였다.

   낭걸립은 물론 인근의 농촌을 대상으로 하여 전개된다. 가령 다리걸립을 할 때 그 다리를 사용해야 하는 인근 마을 사람들은 순순히 헌납에 응하나, 별로 관계가 없는 마을로 접어들면 수입이 줄고 기타 다른 협조를 받기 어려워진다. 시기는 주로 농한기를 이용하였다. 마을로 들어갈 때에는 서낭기를 앞세운 총모가 먼저 이

---

185) 황인덕, 앞의 책, 514쪽.
186) 위의 책, 544쪽.
187) 장주근, '무속', 『한국민속종합조사보고서 9 -경기도편』, 1978, 120쪽.

장집을 찾아간다. 이장을 만나 낭걸립을 나왔음을 말하고 협조를 부탁한다. 대체로 호응이 좋았다고 한다. 허락이 나면 동구에 대기하고 있는 일행에게 서낭기를 흔든다. 들어와도 좋다는 신호이다.

일행은 먼저 동구에서 들당굿을 치고 들어가, 마을의 공동우물에서 용왕제를 올린다. 다음으로 이장집을 시작으로 집집마다 지신밟기와 고사를 지내 주게 된다. 한 집에서의 수입이란 제물로 바치는 쌀 한 되(대두) 정도가 고작이다. 하루가 보통 15집 내외를 순회한다. 점심·저녁밥은 이장이 안내해 주는 집에서 얻어먹고 또 잠도 남의 집 사랑을 빌려 유숙하게 된다.

......

들당굿·지신밟기·고사굿을 하는 이외에 때로 판놀이도 하였다. 판놀이는 농악이 예능화된 가장 신바람나는 마당놀이로서 마을 주민들에게 큰 위안이 되었다.

(최은창, 1915~2002, 20세부터 낭걸립 다님)188)

남사당패의 이른바 걸립은 이러한 낭걸립과 비슷한 면이 많은 것이다. 그래서 송순갑도 남사당패의 그것을 그냥 쉽게 낭걸립이라 한 것이다.

그러므로 오늘날 이러한 남사당의 활동을 이를테면 '판놀이걸립'189)이라 하는 것이 좋을 것 같다. 대개의 걸립패들 모양으로 풍물을 앞세워 마을마다 걸립을 다니기에 '걸립'이라 할 만하고, 단지 판놀이를 통해 하룻저녁 숙식을 제공받고 적은 수입이나마 잡아 보는 일종의 대중 공연을 하는 것이기에 '판놀이걸립패'라 할 만한 것이다.

이러한 판놀이를 통해 숙식을 해결하며 하루하루 살아가며 유랑하는 판놀이걸립패는 우리나라에서는 이러한 남사당패가 유일할 것이다. 그리고 이러한 판놀이걸립패적 요소는 1920년대 이후 남사당패만이 갖게 된 그들만의 독자적 면이라 할 수 있다.

다음과 같은 남운룡의 언급은 이러한 하루하루의 공연만을 위해 살아갔던 당시 남사

---

188) 서연호, 『한국 전승연희의 현장연구』, 집문당, 1997, 307~308쪽.
189) 서연호는 '판놀이걸립'이라 했다. 서연호, 위의 책, 300쪽.

당패의 특성을 잘 말해 준다.

> 비록 한 푼 수입이 없어도 부양할 가족이 없으니까 혼자는 살아갈 수 있었다. 단원들은 거의 모두가 집도 절도 없는 사람들이라 가족이 있을 리 없었다. 나처럼 어려서 발을 들여놓은 뒤 평생을 남사당에서 살았거나 살 작정인 사람들 뿐이었다.
>
> ......
>
> 남사당 행중끼리는 서로 경쟁심같은 것이 없이 퍽 사이가 좋게 지냈다......이렇게 개인적으로나 행중으로나 사이가 좋았던 것은 남사당이 돈을 벌겠다는 욕심이 없었기 때문이다.[190]

1920년대 이후의 남사당패는 이렇게 풍물 위주의 공연집단으로 변모했다. 그리고, 앞서 보았듯, 사당패의 조직과 공연 방식을 흉내 내던 이른바 원남사당패가 모갑이를 우두머리를 한 거사와 사당이란 조직을 갖췄다면, 1920년대 이후 풍물 위주의 남사당패는 대체로 꼭두쇠, 화주, 뜬쇠, 가열, 삐리와 같은 조직으로[191] '꼭두쇠'라고 해서 꽹과리(쇠)와 관계되는 말이 들어간 이름으로 우두머리를 삼고, 절걸립, 낭걸립 때의 인물인 화주도 두게 되었다. 풍물 위주의 판놀이걸립패의 모습인 것이다.

그러면 1920년대 이후의 이런 남사당패에게도 '남사당패'란 말을 쓸 수 있을까? 쓸수 있다. 비록 주요 공연물이 사당패의 소리에서 풍물로 바뀌었지만, 그들에게는 여전히 '남사당'이란, 남자아이를 여장(女裝)시킨 무동들이 있었기 때문이다. 그리고 풍물에서도 이 '남사당'인 무동을 놀리는 무동타기 기예를 여전히 그들의 가장 중요한 공연물로 갖고 있었기 때문이다.

---

190) 남운룡, '서민의 갈채속에 유랑50년 −남사당연희로 방방곡곡 누벼', 『신동아』 통권 제47호 7월호, 동아일보사, 1968, 265~266쪽.
191) 남운룡, 앞의 글, 1968, 266쪽.

또 한편으론 사당패의 공연을 흉내 내던 원래의 남사당패가 시간이 흐르며 자신이 처음부터 갖고 있었던 풍물을 주로 활용하여 1920년대 이후 '판놀이걸립패'를 성립시킨 것은 남사당의 또 다른 모습을 완성한 것이라 볼 수 있다.

조선시대 말 사당패가 급부상하며 하나의 공연집단으로까지 발전해 나가자 그를 흉내 내어 남사당패가 성립되고, 이후 조선의 멸망과 일제에 의한 근대사회가 진행되어 나가자 사당패는 비판의 대상이 되기도 하며 쇠퇴하여 사라져 갔고, 이에 따라 남사당패도 새로운 국면을 맞이하게 되었다. 그래서 남사당패는 대체로 1920년대에는 그들이 원래 할 수 있던 풍물, 인형극 등을 제대로 활용하고, 그들 집단에 들어온 광대집단 사람들의 도움을 받기도 하여, 일반인들이 관심을 가질 만한 버나(접시돌리기), 탈놀이, 발탈, 얼른(요술), 춤, 줄타기, 땅재주 등도 어느 정도까지는 할 수 있는 새로운 공연집단으로 변모했다. 그리고 이와 같은 공연 종목들을 가능한 대로 갖춘 채 벽지(僻地)의 마을들을 돌며 풍물 위주의 판놀이를 보여 주고 하룻밤 숙식과 적은 노자(路資) 정도를 제공받는 이를테면 '판놀이걸립패'가 된 것이다.

그러나 그러한 그들의 활동도 시대의 큰 조류를 피할 수는 없었다. 당시 일반 대중의 공연 문화는 1902년 협률사(協律社)와 같은 최초의 근대식 극장 공연이 세워진 이래 1908년의 광무대, 단성사, 1909년 연흥사, 장안사 등의 대중극장들이 세워지고, 이후 지방에도 다음처럼 근대식 극장들이 세워져 새로운 대중극장 문화 시대로 가고 있었다.

> 이걸재: ……김갑순은 공주에 판소리공연장을 만들었는데, 이것이 공주극장입니다. 사랑채에 있던 판소리꾼들이 소리를 했죠. '서울 다음은 공주다' 했답니다. 서울 다음으로 공주에 극장이 만들어진 거죠. 대전, 논산에도 극장을 만들었는데, 실패했습니다. 공주에는 공연들이 많아 공연관람 문화가 있어 성공했지만, 그들 지역에는 그런 공연관람 문화가 발달되

어 있지 않았기 때문이죠.[192]

　　창극이 전라도로 보급된 것은 최초에 광주, 남원이었으며 점차 전주, 군산 등지에도 보급되어 나갔다. 그리하여 협률사들이 우후 죽순처럼 계속 대두하여 자기의 활동 무대를 넓혀 나갔던 것이다.(창극 단체들을 협률사라 칭하게 된 것은 이 단체들이 창극만을 한 것이 아니 앞 과정에서 노래와 춤, 기악까지도 겸하는 종합적인 예술 단체라는 의미에서 이렇게 불렀다. 그러나 광주의 창극단체만은 '양명사(陽明社)'라고 명명하였다……)
　　……극장이 완공된 것은 1909년 음력 8월 경이었다.[193]

　　이러한 근대식 대중극장에서는 새로운 연극 형태인 창극 이외에도 전래의 가무, 일반인들이 관심을 가질 만한 각종 놀이 등도 이뤄졌다.
　　1911년부터는 일본의 연극을 흉내 내어 우리나라 사람들도 이른바 '신파'와 같은 대중 연극도 하기 시작했다.[194] 이에 1917년 당시 쌍줄타기패로[195] 경남 진주에서 포장무대 공연을 하고 있던 이우문이패마저도 1931년 경에는 다음처럼 신파극단으로 변모할 수밖에 없었다.

　　점촌 경상도 점촌서 즈 아부지를 만났어. 그래 인제 걸궁패가 이우문이 패가 인

---

192) 이걸재 님(1956년생, 65세): 면담조사; 공주지역 민속연구자
　　일시: 2020. 8. 16(일). 장소: 충남 공주시 의당면 '의당터다지기소리' 보존회 사무실
　　조사자: 필자 채록자: 필자 자료보존: 녹화 및 녹음
193) 박동실, "창극이 걸어온 길을 더듬어", 『조선음악』, 평양: 조선문학예술총동맹출판사, 1966; 이진원, '자료: 박동실의 "창극이 걸어온 길을 더듬어"', 『판소리연구』 18, 판소리학회, 2004, 317~318쪽.
194) 혁신단(革新團)의 임성구(1887~1921)가 〈불효천벌(不孝天罰)〉을 공연했다. 이두현, 『(개정판) 한국연극사』, 학연사, 1985, 217쪽.
195) 이우문이 쌍줄타기패의 공연 종목은 풍물(농악), 요술(얼른), 병신굿, 대접돌리기(버나), 사자포수놀이, 땅재주, 쌍줄타기 등이었다.(서연호, 앞의 책, 290쪽) 여기서 송순갑이 9살경부터 이우문에게 이우문이의 동재 이재문이와 땅재주를 배웠다.

제 신파가 됏거덩. 되루 신파 돼서 거 가 논다구. 그래 인저 장깐 쉬었다 거기서 하룻 저녁 구경하구 나닝깨 그 인제 쇳대패 다니는 이우문. 인제 어려서 만내서 인제 우리허구 친허지. 그래 그쩨 돈 오십원을 줘. 가다 밥 밥이나 한 때 먹구 가라구. 그래 거기서 단체 갈려가지구 나 혼자 부산을 향하구 가는디, 그쩍이 그 신파 이름이 광성극단여. 광성. (청자: 광성극단요.) 응 광성극단인디.

......

(청자: 그리고 신파라능 것은 연극이지요?) 연극이지. 공산명월 뭐, 뭐 그렁거, 장화홍련전 뭐 그렁거. 연색 연색 해가지구 허기 때미[196]

신파연극을 하고 그 막간들에서 종래 쌍줄타기패에서 하던 전통적 기예들을 조금씩 보여 주었을 것이다.

1903년 일본의 니시하마곡마단(西濱曲馬團)의 우리나라에서의 장기(長期) 공연[197] 이후 오늘날의 서커스에 해당하는 각종 곡마단들도 1920년대에 20개 이상의 단체들이 우리나라에서 공연하고 있었다.[198]

이러한 상황에서도 근대식 극장에서는 물론 포장무대에서라도 공연할 만한 공연 종목들을 제대로 갖고 있지 못했던 대부분의 남사당패들은 그러한 근대식 공연물과 상당한 거리에 있는 시골 마을들을 찾아다니며 풍물 위주의 이른바 '판놀이걸립' 활동을 하고, 일반 서민들의 세시놀이 같은 데나 고을굿, 마을굿, 생일잔치 같은 개인적 잔치에 임의적으로나 초청받아 어느 정도 공연 활동을 해 왔다. 1920년대 이후 그들의 주요 공연물이었던 풍물은 우리나라 전체에 걸쳐 있었던 정초 집돌이 풍물, 농촌지역 마을들에서는 기본적으로 있었던 두레농악 등으로 인해 우리나라 시골 사람들에게는 가장 익숙한 공연물이었기 때문이다. 그러나 시간이 흐를수록 이러한 남사당패의 공연 기반

---

196) 황인덕, 앞의 책, 528·551쪽.
197) 신근영, 「일제 강점기 곡마단 연구」, 고려대 문화재협동과정 박사논문, 2013, 14쪽.
198) 위의 글, 64쪽.

들은 하루가 다르게 무너져 갔다. 이러한 상황은 다음과 같은 남운룡의 회고에도 어느 정도 나와 있다.

> 우리가 평양에 갔다가 우연히 우라다곡마단을 구경한 일이 있었다. 알록달록한 무늬가 있는 천으로 높다랗게 포장을 친 것이라든지, 악대(樂隊)가 나팔을 불어대고 북을 치는 것이라든지 형세가 우리하고는 딴판이었다. 그들이 부리는 재주도 공중그네, 철봉, 말타기 등등 다채로왔고 짐승은 말뿐 아니라 개와 원숭이도 있었고 당시로서는 희한한 오토바이도 나왔다. 제법 사람들의 혼을 빼는 재주를 부린다고 자부하던 우리들은 곡마단의 신기한 재주에 넋을 잃을 지경이었다.[199]

또 남사당 공연 과정에서의 남자아이들의 가출이나 유괴,[200] '남사당'인 무동의 계간(鷄姦) 같은 부정적 요소가 있기도 했던 남사당패의 일면들은 근대 사회로 갈수록 허용되지 않는 면도 있었다.

이에 1927년에는 '남사당패'란 말을 일제는 못 쓰게 했다. 당시 약 15개 이상의 남사당패들이 있었다고 한다.

> 내가 상쇠가 되던 1927년 일경(日警)의 탄압으로 전국의 남사당이 해체되고 말았다. 이 때 전국에서 약 15개 이상의 남사당행중(行衆)(단체)이 있었는데, 각 행중이 완전히 해산된 것은 아니고 남사당(男寺黨)이라는 고유한 명칭을 빼앗긴 것이었다. 이때부터 우리는 남사당이라는 이름을 쓰지 못하게 되었다.[201]

---

199) 남운룡, 앞의 글, 266쪽.
200) "이들은 나처럼 남사당이 좋아서 들어왔거나 혹은 구경 잘 하고 호강한다는 꼬임에 빠져 끌려온 아이들이다. 엄밀하게 말해 유괴행위다. 부모들이 용케 따라와서 찾아가는 아이도 간혹 있지만 대개는 눈치를 채고 미리 피신을 시킨다. 특히 유괴해 온 아이들은 독자적인 행동을 할 수 없도록 수동무님이라고 하는 아이가 감시인으로 늘 붙어다닌다." 남운룡, 위의 글, 266쪽.
201) 남운룡, 위의 글, 265쪽.

또 조선 후기를 이은 일제강점기에 들어 종래 농촌마을 단위의 모내기두레와 김매기 두레 같은 마을단위의 공동노동이 끝나는 7월 백중(음력 7월 15일) 경의 각 농촌마을단위의 두레먹기 같은 것이 급격히 약화되어, 이러한 농민들의 두레먹기 놀이에 상당한 역할을 하여 왔던 남사당패는 사실상 그 중요한 공연기반 하나도 상실해 갔다.

> 어쨌든 남사당의 역사가 굉장히 오랜 것만은 틀림없는 것같은데 일인(日人)들이 들어와 소작제도(小作制度)가 실시되면서부터 남사당의 존재가 쇠퇴하기 시작했다고 한다. 그전까지는 토지를 공동경작(共同耕作)했기 때문에 농촌에는 두레가 매우 성했다. 두레비용(費用)은 마을 전체가 공동으로 부담하였는데 두레비(費) 가운데 오락비(娛樂費)라는 명목이 있었다. 이 오락비(娛樂費)가 바로 남사당이 성행할 수 있었던 하나의 소지(素地)가 되었던 것이다.[202]

두레먹기 놀이는 농민들의 두레농악이 중심이 되고 마을단위로 나름대로 일종의 축제를 벌이며 노는 것이기에, 이러한 두레농악과 같은 풍물을 제대로 공연하는 남사당패들이 일정하게 각광받아 왔던 것이다.

한편 1930년경 사당패, 걸립패, 남사당패가 없어져 갈 무렵 사당패와 남사당패가 혼성단체를 만들기도 했다 한다.

> 1930년쯤 사당패, 걸립패(*절걸립패, 낭걸립패), 남사당패가 없어져 갈 즈음 일시 혼성체를 만든 적이 있었다고 남사당패 출신 정일파(鄭一波) 옹은 말하고 있다.[203]

이와 관계되는 사실도 다음처럼 조사된다.

---

202) 위의 글, 263쪽.
203) 심우성, 앞의 책, 1974:1989, 28쪽.

손태도: 선생님 요즘도 과거 남사당패 공연 같은 것을 본 사람들을 찾을 수 있을까요?

이걸재: 남사당패의 활동은 사실상 1930년대에 끝났으니 거의 불가능하다 봐야죠. 저는 1989년에 조사를 시작했는데, 그때도 운이 좋아야 그런 놀이패를 본 사람들을 조사할 수 있었죠.

　　그런 놀이패가 충청도에 한 단체가 있었던 것 같은데, 봄, 여름, 가을은 공연을 다니다 겨울에는 한 마을에 모여 있으며 기예도 익히곤 했습니다. 공주시 신풍면 선학리에 현재 '지게놀이'가 있는 마을인데요, <u>남녀 10~20명이 겨울을 났답니다.</u>

손태도: 어떤 놀이종목들을 갖고 있었데요?

이걸재: 버나, 땅재주…, 소리도 많이 했답니다. 그렇게 겨울을 나고 동네 사람들을 위해 한바탕 공연도 했답니다.

손태도: 버나, 땅재주를 했다면, 남사당패 같기도 하고, 남녀가 같이 있었으니 사당패 같기도 하네요.

이걸재: 여기서는 그냥 '놀이패'라고 합니다.

　　<u>버나, 땅재주, 12발 상모, 재담, 해적(해금)쟁이 등이 있고 풍물보다 소리 중심이었답니다.</u>

　　우성면 어천리에서 그런 놀이패를 본 사람들이 있었죠.[204]

손태도: 선생님, 신풍면 선학리에 지금 가도 옛날 놀이패가 겨울을 나곤 했던 것을 조사할 수 있을까요?

이걸재: 조사가 안 될 것입니다.

손태도: 그 놀이패들의 공연 종목들은 어떤 것이었나요?

이걸재: <u>풍물, 버나, 소리, 재담, 땅재주 등이죠. 남녀 17~20명 정도였대요.</u>

손태도: 사당패로 봐야 할지, 남사당패로 봐야 할지.

이걸재: 사당패로 봐야 할 것 같아요.

---

204) 이걸재 님(1956년생, 65세) 면담조사: 공주지역 민속연구가
　　일시: 2020. 8. 16(일).　장소: 충남 공주시 의당면 '의당터다지기소리' 보존회 사무실
　　조사자: 필자　채록자: 필자　자료보존: 녹화 및 녹음

나무를 해서 갖다 팔기도 하고……겨울을 나고, 봄에 공연을 나가며, '우리집 잘 지켜 달라'고 부탁하며, 공연 나가기 전에 동네 주민들을 위해 한바탕 공연하고 나가곤 했다는 거죠. 이런 사당패가 그 곳 한 곳에서만 조사되었습니다. 사당패가 남사당패보다 일찍 없어졌기 때문이죠.

손태도: 사당패로 봐야 할지, 남사당패로 봐야 할지.

이걸재: 사당패로 봐야죠.[205]

1920년대 무렵 충남 공주 선학리에서는 사당패와 남사당패가 결합된 듯한 한 놀이패가 있어 겨울은 거기서 나고, 봄이 되면 공연을 나가곤 했던 것이다. 이것은 사당패와 남사당패가 모두 독자적인 단체로서의 활동이 어려워 사실상 각 단체들이 사라져 갈 때 나올 수 있는 모습이다. 이렇게 하기도 하면서 사당패는 1920년대 이후에는 완전히 사라진 것이다.

그러나 남사당패는 그 이후에도 여전히 남아 활동했다.

1931년까지도 남사당패인 최군선패는[206] 다음처럼 함경도 원산에서 활동하고 있었다.

(*1931년) 행경도 원산꺼지 가서……글립패가 나타나는디. 한 삼십명 넝겨 되야. 그래 이용보 이용보라구 하는 사람이 나 양부모(*원래의 남사당패를 꾸리기도 했던 임상호)허구 같이 댕기며 성님 성님 동상 하구 이륵했는디.

"아이 아저씨가 어쩐 일이요?"

"나, 본대부터 글립패 댕기잖니? 너 그러지 말구 돌오댕기면 돈을 뫕 벌어. 그러닝개 우리헌티 오면 저녁이 생기는 돈두 망쿠 하닝개 우리헌티 오라"구.

---

205) 이걸재 님(1956년생, 65세) 면담조사(2차); 공주지역 민속연구가
    일시: 2021. 4. 8.   장소: 충남 공주시 의당면 '의당터다지기소리' 보존회 사무실   동반자: 임장묵(1981년생, '공주농악 12발 상모 예능자)
    조사자: 필자   채록자: 필자 자료보존: 녹화
206) '심우성, 『남사당패 연구』, 동문선, 1974:1989'에 없는 단체여서 여기에 소개한다.

그래 거기서 몰래 떨어져서 그 글립패를 가닝깨, 돈 아숴 밥 은어먹다시피 허는디. 그거,

"은어먹는 거시기지 못 댕기겄다."구.

한 이십일 댕기다가, 거기 떨어져서

……

그래 용보라는 그분을 만났어. 만내가지구,

"아이, 아이 워쩐 일이냐."구.

"내가 글립패 시방 최군선이라구 최군선씨 글립인디. 거기 따러 댕기며 거기 댕긴다구. 너두…"……최군선, 글립패 거기 한, 오래는 안 댕기구 한 이십일 한 이십일 댕기다…우리는 포장결립 해 밥 사 먹구 댕기는디, 촌이서 밥 시켜 먹구 은어먹구[207]

그러나 사회적으로도 1930년대 후반부터는 일제가 1936년 만주사변, 1937년 중일전쟁, 1941년 태평양전쟁에 들어간 상황이어서 사실상 한반도도 전시체제 하에 있었기에, 종래의 모든 공연예술들은 대부분 그 본래 모습을 유지할 수 없었다.

평소에도 10개 마을 중 7개 마을에서 남사당의 판놀이걸립이 거부되었는데, 다음과 같은 사정들도 겪어 가며 일제강점기의 남사당은 더 이상 공연 활동을 할 수 없었다.

남사당이라는 이름이……금령(禁令)을 내린 일경(日警)은 갈수록 심한 탄압을 했다. 사사건건 트집을 잡아 공연허가를 내주지 않았다. 단 몇 사람을 모아놓고 하는 공연이라도 일일이 허가를 받아야 했는데 순순히 잘 해주는 사람도 있었지만 덮어놓고 허가를 거부하는 사람이 많았다.

함경북도 성진(城津)에서는 경찰서를 드나들기 열네번만에 공연허가를 받았다. 열세번째 들어갔을 때는 일인형사(日人刑事)에게 따귀를 얻어맞고 유치장에 갇히는 신세가 되었다. 1시간쯤 지난 뒤, 유치장에서 풀려나오는 길로 불문곡직하고

---

207) 황인덕, 앞의 책, 469·537쪽.

서장실(署長室)로 들어가 서장(署長)에게 직접 사정했다. 자초지종을 들은 서장(署長)의 명령으로 마침내 허가를 받기는 했지만 경찰서를 나오는 내 눈에는 피눈물이 나올 지경이었다. 남사당은 출발부터 상민(常民)을 대상으로 했기 때문에 어느 고장엘 가나 많은 사람들의 환영과 동정을 받아왔는데, 그만 나라를 잃은 죄로 이민족(異民族)에게 갖은 박해와 토심을 208) 받게 되었던 것이다.

이에 남운룡이 한때 있었던, 황해도 출신으로 인형극에 능했던 오명선이 이끌던 오명선패는 1935년 경 사라졌다.209) 심우성이 조사했던 전근배, 최성구, 박종휘, 정일파, 양도일, 남운룡 등이 있기도 했던 경기도 여주 출신의 원육덕이 이끌던 원육덕패는 1939년 만주 북간도에서 해산되었다.210)

이에 심우성은 다음과 같은 논의를 하고 있다.

　　실질적으로 명맥이나마 자생적인 성격을 띤 남사당패는 길게 잡아도 1930년대까지로 보아야 하겠고, 그후 걸립패와 제휴하는 등 심한 변질과정을 겪으면서도 1940년까지 그 흔적은 보였으나 그후로는 거의 인멸되고 말았다.211)

1940년에 들어 사실상 남사당패는 사라졌다 볼 수 있다.

---

208) 토심(吐心): 좋지 않은 낯빛이나 말로 남을 대할 때에, 상대편이 느끼는 불쾌하고 아니꼬운 마음.
209) 심우성, 앞의 책, 1974:1989, 43쪽.
210) 위의 책, 44쪽.
211) 상동.

5.

1945년 해방 이후의 남사당패

1945년 8·15해방 직후 원육덕패계통의 남운룡 등은 다시 모이게 된다.[212] 그리고 그동안 한번도 포장무대 공연을 한 적이 없던 이른바 남운룡패도 포장무대를 시작했다. 종래의 도회지와 먼 곳 마을들에서의 풍물 위주의 판놀이걸립도 근현대사회의 상당한 진행으로 더 이상 그 공연적 기반을 찾기 어려웠고, 시대에 따른 공연 방식은 1902년 최초의 근대식 극장인 협률사 이후로 대중극장 시대로 접어든 지 오래되었으며, 이러한 대중극장에도 서지 못하는 공연패도 역시 1910년대 이후 이미 포장무대와 같은 공연 방식을 취해 왔기 때문이다.

남운룡패는 해방 이후에야 비로소 포장무대 공연을 하기 시작한 것이다. 그러한 사정을, 다음과 같은, 박계순(여, 1926~2006)이 21세 때인 1947년에 남운룡패에 들어갔을 때의 사정을 통해 알 수 있다.

박씨는 1927년 경남진양군 대곡면 북창리에서 평범한 농가의 1남3녀 중 둘째딸로 태어났다. 대곡국민학교를 마친 그는 홀아버지를 도와 살림을 하다 해방 전해

---

212) 심우성, 앞의 책, 1974:1989, 44쪽.

(*17세)에 정신대에 끌려가지 않으려고 결혼을 하였다.

그러나 신혼의 단꿈도 잠시, 해방이 되어 남편이 경찰에 투신, 공비토벌에 참여했다가 행방불명이 되고 말았다.

……

친구가 종업원으로 일하고 있는 충청북도 제천의 평양식당엘 찾아갔다.

꽃다운 21세의 나이로 첫결혼에 실패하고 친정에 돌아가 근엄한 아버지 밑에서 평생을 살 생각을 하니 아득하기만 하였다. 그래서 엎드린 김에 그 식당의 종업원으로 눌러 앉고 말았다. 그러던 어느날 제천에 남형우(*남운룡의 다른 이름) 행중의 남사당패가 들어와 펼치는 놀이판을 구경하게 되었다.

"한마디로 넋을 잃고 구경에 빠졌습니다. 그리고는 끝난 뒤에 꼭두쇠라는 우두머리를 찾아가 다짜고짜 단원으로 끼워달라고 사정을 하였습니다. 남사당패라는 게 원래 남자들 일색이고 여자가 귀한 터라 곧바로 받아들이더군요."213)

그녀가 남사당패 공연을 본 것은 어떤 마을의 공연에서 본 것이 아니고 제천이란 도회지에서 본 것이므로, 이때 그녀가 본 것은 포장무대 공연이었다.

포장무대 공연은 포장을 치고 입장료를 받으며 하는 공연인데, 남사당패 공연의 경우 12시쯤 시작을 해서 저녁 5시쯤 마치고, 저녁 5시쯤 다시 시작해 밤 10시쯤 마쳤다. 5시간 정도씩 공연하는 것이다.214) 그러므로 풍물 외에도 가능한 한 다양한 종목을 공연할 필요가 있었다. 종래 마을과 마을을 돌며 풍물 위주의 공연을 할 때와는 사정이 달라졌다 할 수 있다. 가능한 한 많은 종목들을 갖춰 공연할 필요가 있었던 것이다. 이 과정에서 일반인들이 관심을 가질 만한 전통적인 공연물들이 이 포장무대 공연물들로 다시 들어갈 수 있었을 것이다.

이리한 해방 후의 남사당의 포장무대 공연도 다음처럼 1953년 4월 대구에서의 공연

---

213) 전통민속예술사, '(인간문화재시대를 연다) 남사당놀이 박계순씨', 『(계간) 전통민속예술』 1994년 봄호, 42쪽.
214) 박용태양근수, 앞의 책, 25쪽.

으로 끝났다.

> 휴전이 되던 해인 1953년 4월 대구에서 가졌던 공연이 우리의 마지막 공연이
> 되었다.[215]

이 당시의 공연 사진을 보면 위와 아래에 천막이 처져 있는 것을 볼 수 있다.

해방 후 재건된 남사당패는 사실상 꺼리길 것이 아무것도 없었다. 포장무대 공연은 순전히 흥행적 공연이었다. 그러므로 1953년 남사당패의 포장무대 공연이 끝난 것은 하나의 공연예술패로서의 남사당패의 공연예술적 생명이 다한 것으로 볼 수 있다. 남사당패가 그동안 발전시켜 온 공연물들을 하나의 순수한 흥행적 공연물들로 만들어 공연하며 새로운 공연집단으로 변모하려 했으나, 그들의 공연은 더 이상 각광받지 못한 것이다.

이렇게 남사당패에서 마지막까지도 남았던 남운룡패를 이끌었던 남운룡은 당시 남사당의 시대적 공연 위상과 관련하여 다음과 같이 말하고 있다.

[그림 36] 남운룡패의 마지막 공연(1953년 4월, 대구)
공연장 위, 아래에 포장이 처져 있는 것을 볼 수 있다. 오른쪽 사람이 남운룡이다.
남운룡, '서민의 갈채속에 유랑50년 -남사당연희로 방방곡곡 누벼', 『신동아』 통권 제47호 7월호, 동아일보사, 1968, 263쪽.

---

215) 남운룡, 앞의 글, 269쪽.

서커스단이 생기고 국극(國劇. *여성국극)이 일어나고 영화(映畫)도 쏟아져 들어왔다. 이것들은 결국 우리가 사람들에게 흥미를 주는 요소를 모두 하나씩 떼어 가버렸다. 남사당이 서민들의 유일한 오락이던 시절은 지나가고 다른 여러가지의 근대적인 대중오락이 사람들의 흥미를 끌었다. <u>남사당은 이제 '유물(遺物)'의 자리로 물러서지 않을 수 없었다.</u>[216]

전통적인 남사당패는 1930년대에 사실상 사라졌고, 1945년 해방 후 재건된 남사당패의 포장무대 공연도 이를테면 1953년에 사라졌다. 전통적 공연패로서의 남사당패는 완전히 사라진 것이다.

1950년 7월 6·25 사변으로 충남 공주 율정리 본가(本家)에 피난 와 있던 심우성(1936~2018)은 당시 머슴으로 있던 70여 세의 정광진을 만나게 된다. 심우성이 김재철의 『조선연극사』(1933)의 '인형극' 부분을 보고 있자, 그것을 본 정광진은 자신이 남사당패 출신임을 이야기했다. 그리고 남사당패는 그런 인형극 외에도 많은 것도 공연했으니 앞으로 그걸 알아보면 많은 것을 연구할 수 있을 것이라고 했다. 그러한 정광진과의 만남은 1주일 정도였고, 이후 심우성이 다시 서울로 올라간 이후 1년이 안 돼 정광진은 사망했다.[217] 심우성은 서울에서 방송국 아나운서로 직장 생활을 하다 여의치 못하여 1960년 직장을 나와, 과거 정광진에게 들은 이야기를 바탕으로 그의 동료들이 있다는 충남 회덕, 예산, 당진, 경기도 안성 등을 찾아다녀[218] 과거의 남사당패 출신들을 만나게 된다. 그 중에는 양도일, 남운룡, 최성구 등 어릴 때부터 남사당패를 했었던 사람들도 있었고, 송순갑처럼 잠시 한 사람들도 있었으며, 1950년대에 남사당패에 들어갔던 사람들도 있었다.[219]

---

216) 위의 글, 269쪽.
217) 국립예술자료원, 『(2012년도 한국 근현대예술사 구술채록연구 시리즈 217) 심우성』, 2013, 31·36·72쪽.
218) 위의 책, 33·36쪽.
219) "남사당 동료로서 우리 사이에 이름을 날리던 오명선(인형극), 이성근·이경화(광대탈), 김봉업(줄타기. *광대 집단 사람), 이수남(법구) 등이 세상을 떠나고 아직 생존해 있는 노장으로는 정일파(鄭一波)·송복산(宋福山)

이러한 사람들의 증언들을 바탕으로 심우성은 결국 남사당패의 공연 종목으로 풍물, 버나(접시돌리기), 살판(땅재주), 어름(줄타기), 덧배기(탈춤), 덜미(인형극) 등 6종목을 정립한다.[220] 그리고 '옛날에는 '소리판', '요술' 등도 있었다'고[221] 했다. 그러나 이것은 최성구가 다니던 패,[222] 전근배패,[223] 최군선패[224] 등 1920·30년대의 남사당패들을 실제로 본 송순갑이 다음과 같이 말하듯, 풍물 위주의 판놀이걸립을 다니던 실제 남사당패의 공연 종목들이 아니다.

원 조종으루는 여섯 가지 있는 패가 옳지. 우리가 익기 때미 땅재주두 있지 우리 옳으면 땅재주 허는, 땅재주 허는 눔이 있나?……줄, 땅재주 이렁 건 돈 주구 사 이게 사서 해야 댜[225]

또한 남사당패의 공연 종목들은 패들마다 다를 수 있고 일반이 관심을 가질 만한 어떤 것이든 할 수 있었는데, 이와 같은 열린 시각도 마련해 두지 않았다. 실제로 남사당패들은 위의 여섯 가지 종목과 선소리 산타령, 얼른(요술) 외에도 이를테면, 앞서 논의했듯, 발탈, 춤, 해금 연주, 곰놀이 등을 더하기도 했다.

그리고 줄타기, 땅재주와 같은 것은 원래 광대집단 사람의 것이기에, 이러한 것들은 남사당패의 주된 공연 종목들과 일정한 거리에 두어야 한다. 그래야 남사당패의 줄타

(날나리), 송순갑(宋順甲)(땅재주), 양도일(梁道一)·최승구(崔勝九. *혹은 최성구, 최성산)(광대탈), 최은창(崔殷昌)(풍물) 등 몇 사람뿐이다. 모두 60을 바라보거나 넘은 고령이고 이들 중 양도일(梁道一)·최승구(崔勝九) 양씨는 어려서부터 나의 동료단원이었다." 남운룡, '서민의 갈채속에 유랑50년 −남사당연희로 방방곡곡 누벼', 『신동아』 통권 제47호 7월호, 동아일보사, 1968, 269쪽.

220) 심우성, 앞의 책, 1974:1989, 39~42쪽.
221) 심우성, '(기획2: 조선후기 사회변동과 예술) 남사당패', 『역사비평』, 역사비평사, 1993. 11., 362쪽.
222) 황인덕, 앞의 책, 465쪽.
223) 위의 책, 534쪽.
224) 위의 책, 537쪽.
225) 위의 책, 551쪽.

기와 땅재주와 관계해 광대집단 사람들과 남사당패 사람들의 일정한 관계를 조사연구할 수 있기 때문이다.

심우성은 이에 대해 나중에 다음과 같이 말했다.

> 오늘날의 남사당패는 엄격히 애기해서 남사당패와 사당패+숫대장이패+걸립패, 그리고 뒤에 설명될 굿중패의 혼합 집단으로 보면 틀림이 없을 것이다. 226)

심우성이 보았을 때, 남운룡패의 줄타기 계보는 '손만대(남사당패 원육덕패에서 활동) – 조송자(여)'인데, 손만대는 숫대타기패였기 때문이다. 또한 남사당패에서 땅재주를 한 사람으로 알려진 송순갑도 숫대타기패였기 때문이다.

그런데 이러한 손만대·조송자의 줄타기나 송순갑의 땅재주도 위에서 송순갑이 "이렁건 돈 주구 사 이게 사서 해야 댜" 하고 있듯, 이것은 남운룡패가 필요로 할 때, 돈을 주고 공연을 주고 시키는 것이기에, 사실상 남운룡패 자체의 공연 종목이 아니다. 그런데도 심우성은 당시 유일하게 발굴된 남운룡패에 이러한 줄타기와 땅재주가 원래부터 있었던 것처럼 해 버린 것이다.

또 이러한 6가지 종목만 중요하게 내세우고, 사실상 사당패와 남사당패의 관계를 해명하는 데 중요한 사항이 될 '남사당패가 부른 산타령' 같은 것을 간단히 처리함으로써 사당패의 공연을 흉내 냈던 이른바 원남사당패에 이르는 길로 나아가지 못했다. 그리고 이에 더 나아가 남자아이를 여장(女裝)시켜 만든 '남사당'에 좀더 주목했다면, 남사당패의 성립, 원남사당패의 공연 모습, 후대에 풍물 위주로 공연할 때도 '남사당패'로 불린 이유 등 남사당패의 중요한 역사적 실체들에 접근할 수 있는 보다 실제적인 연구들을 할 수 있었을 텐데 이를 하지 않았다. '남사당패'에 대해 연구하며 막상 '남사당'에 대해서는 조사연구를 하지 않았던 것이다.

---

226) 심우성, '한국의 떠돌이 예인집단', 『민속문화와 민중의식』, 동문선, 1985, 207쪽.

이것은 심우성이 그가 발굴, 조사한 '남사당패'를 이른바 '남사당패'와 관계해서 가장 이상적인 전통 공연예술집단으로 보고자 했기 때문이다.

그는 남사당패의 역사에서 1900년 이전의 사실을 발견하지 못하자, 앞서 보았듯, 다음처럼 말하였다.

> 남사당패란 1900년 초 이전에 있어서 서민층의 생활군단(生活群團)에서 자연발
> 생적 또는 자연발전적으로 생성한 민중놀이집단을 일컫는 이름이다.[227]

그리고 남사당패는 우리 민족의 유래와 같이 생겨났고, 구체적으로는 유랑 예인 집단에 대한 기록이 나오는 신라시대 이전부터 있었을 것이라 했다.[228] 하나의 역사적 집단으로서의 남사당패에 대한 그 실체에 입각한 역사적 연구를 시도하지 않은 것이다.

그리고 앞서, 보았듯, 다음처럼 말하며 남사당패를 가장 민중적 공연집단으로 보고자 했다.

> 남사당패란 우리의 오랜 역사에서 민중 속에서 스스로 형성, 연희되었던 유랑예
> 인집단을 일컫는 것으로 그 배경은 말할 것도 없이 민중적 지향을 예술로써 승화
> 하여 온 진보의 구성으로 보아야 할 것이다.
> 그것은 반인적 자연과 인성에 대한 대립적 존재로서 민중의 실생활사, 정신사와
> 같은 맥락을 갖는 것이다.[229]

그리고 다음처럼 말하며 남사당패의 성립이나 그 역사를 말해 줄 수 있고, 그 집단을 결정지을 수 있는 가장 중요한, 남자아이를 여장시켜 만든 무동인 '남사당'과 관계되는

---

227) 심우성, 앞의 책, 1974:1989, 25쪽.
228) 위의 책, 26쪽.
229) 위의 책, 1974:1989, 32쪽.

것을 다루지 않으려 하여 이 집단을
제대로 말할 수 없게 하였다.

그들의 형성 배경에 대한 사소한
부정적 이견들은 가시덤불의 민중
사를 통찰해 보면, 뜨거운 애정으
로 감싸질 화사첨족(畵蛇添足)에 불
과한 것이라 하겠다.230)

[그림 37] 오늘날 남사당 풍물에서의 무동
수건을 쓰고 붉은 치마을 입고 있다. 그래서 오늘날 대개
여자아이로 무동을 삼는다. 그러나 이렇게 무동이 여자
복식을 하는 것 자체는 과거 남자아이를 여장을 시켜
'남사당'으로 만든 그것을 잇고 있는 것이다.
심우성 글, 송봉화 사진, 『남사당놀이』,
국립문화재연구소: 화산문화, 2000, 67쪽.

또한 이러한 그의 남사당패에 대한
생각을 그 이후의 무형문화재 지정과
관련해 남사당 관계자들에게 주지시
켜231) 결과적으로 다른 사람들이 남사
당패에 제대로 접근할 수 있는 길을 본의 아니게 가로막았다.

한마디로 1960년 이후에 복원된 남운룡패는 원래의 남운룡패가 아니라 심우성이 남
사당패와 관련해서 이상적으로 생각하고 있던 전통 공연예술패가 된 것이다.

그래서 이러한 '남사당패'는 이 집단의 전통적 공연 종목인 풍물, 인형극 외에도 버

---

230) 상동.

231) "풍물(농악), 버나(사발돌리기), 땅재주, 줄타기, 광대탈, 꼭두각시 등의 6개 레퍼토리를 가진 남사당은 청중
을 구경시키는데 돈을 받지 않았다." '자취 감춘지 30여년 만에 무대에 오르는 광대탈 -양도일 옹-', 〈동아일
보〉(1968. 2. 17.)

"남사당의 레퍼토리는 풍물, 버나, 살판(땅재주), 어름(줄타기), 광대탈, 꼭두각시 놀음의 여섯가지다." 남운
룡, '서민의 갈채속에 유랑50년 -남사당연희로 방방곡곡 누벼', 『신동아』 통권 제47호 7월호, 동아일보사,
1968, 267쪽.

"농악을 치고(풍물놀이), 탈춤판을 벌이며(덧배기), 줄을 타고(어름), 맨손으로 땅재주를 부르며(살판), 막대
끝으로 사발을 돌리고(버나), 꼭두각시놀음(덜미)을 한다." 최나영, '팔도를 떠돌던 남사당은 민초들의 삶의
대변자: 무형문화재 3호 남사당놀이 예능보유자 김재원', 『(월간) 시대인물』 1991년 4월호 통권 12호, 시대
인물사, 92쪽.

나, 땅재주, 줄타기, 탈놀이 등 전통사회의 대표적 공연 종목들도 갖춤으로서 우리나라의 대표적 전통 공연예술집단이 된 것이다.

그러나 이것은 전통적인 남사당패의 실상과는 거리가 있기에, 궁극적으로 남사당패 자체에도 도움이 되지 않고, 우리나라 전통 공연예술의 실상에 접근하는 데도 본의 아니게 하나의 장애물이 될 수도 있다.

지금이라도 남사당패의 실체에 의거한 제대로 된 연구들이 이뤄져야 한다.

1960년의 심우성의 이러한 노력으로 다시 복원된 남운룡패의 경우는 1964년에 국가 중요무형문화재 제3호 '꼭두각시놀음'이란 이름으로 그들의 인형극이 무형문화재로 지정되었다.232) 그리고 그 이후에도 심우성을 중심으로 의욕적인 활동들이 계속 이뤄져 1988년에는 종래의 국가 중요무형문화재 제3호 '꼭두각시놀음'의 '꼭두각시놀음'을 '남사당놀이'로 명칭 변경을 하게 된다. 이러한 과정을 통해 오늘날 남사당패 공연 종목을 앞서 소개한 6가지로 당연시하게 되었다.

그러면 오늘날 1960년 이후에 복원된 국가 중요무형문화재 제3호 '남사당놀이'를 전승하고 있는 '남사당놀이보존회'를 남사당패로 볼 수 있을까? 볼 수 있다. 남자아이를 여장시켜 '남사당'으로 만든 남사당패의 그것이 지금도 이어져 오늘날에도 무동들이 머리에 수건을 쓰고, 붉은 치마를 입고 있기 때문이다. 물론 이러한 무동의 복색으로 인해 오늘날의 남사당 풍물의 무동들은 대개 여자아이들로 되어 있지만, 무동의 복색 자체가 여자아이 모양으로 여전히 되어 있는 것은 이러한 과거의 '남사당'의 그것을 이은 것이다. 물론 그러한 여자아이들로 된 무동을 '남사당'이라고는 할 수 없다. 그러나 오늘날에도 남자아이가 되었든 여자아이가 되었든 무동이 여자아이 복색을 하여야 된다고 여기고 있는 것만은 과거의 '남사당'의 그것을 이은 것으로 볼 수 있다.

---

232) 보유자로 꼭두각시놀음 '조종인' 남운룡, 악사로 '호적' 송창선(일명 송복산)이 인정되었다.

6.

남사당패의 민속예능사적 의의

조선 후기 사찰 주변의 이른바 '거사(居士)' 등은 관(官)에서는 분명 문제적 집단이었다.

도망한 군사의 일은 간혹 진위(眞僞)가 분명치 않은 폐단이 있어 그에 대해 가볍게 논의할 수는 없으나 신은 그렇게 된 연유를 잘 알고 있습니다. 양민의 멀거나 가까운 일족(一族)으로서 가난해서 전토(田土)가 없는 자가 군역에 정해지면 남의 머슴이 되어서 대처하거나 땔나무를 팔아서 조처하여 대처합니다. 그러나 흉년을 만나서 마련하여 납부하는 것이 더욱 어려워지면 삭발하고 중이 되어 도망하거나 거사(居士)가 되어 바가지를 들고 도망치는데, 이런 지경에 이른 뒤에야 비로소 도망했다고 고장(告狀)을 냅니다.

『승정원일기』, 영조 1년(1725) 12월 21일(갑신)[233]

또 세속에 이른바 거사(居士)라고 하는 자들은 양역(良役)을 피할 셈으로 불당(佛堂)으로 도망하여 살면서 처자를 두고 무리를 불러들여 마을에 들락거리면서

---

233) 逃亡軍士 或有虛實相蒙之弊 不可輕議 然而臣詳知其所由矣。良民之遠近一族 無田土貧殘者 被定軍役 則或爲人雇工 而對答者 或賣薪料理 而對答者 而年値凶荒 則備納尤難 則或削髮爲僧而逃 或爲居士持瓢而逃 至於此境後 始以逃亡發狀

때로는 좀도둑질을 하기도 하니, 이에 대해서도 제도에 통지하여 불당을 헐고 거
사(居士)들을 쫓아내도록 한다면, 팔도에서 수천 명의 한정(閑丁)을 얻게 될 것입
니다.

『일성록』, 정조 12년(1788) 8월 18일(정미)234)

또 이들의 수는 조선시대 말에 이르며 더욱 많아져 갔다. 이들 중에는 이를테면 사당
을 거느린 거사도 있고, 그렇지 않은 거사들도 있었을 것이다. 조선 후기 광범위하면서
도 지속적으로 이뤄진 절걸립은 승려들이 직접 하기도 하고, 절 주변의 거사들이 참가
하기도 하고, 일반인들이 참가하기도 했다. 절걸립이 나면 그 중 사당이 없어 사당패
활동도 할 수 없었던 거사들이 더욱 열심히 참가했다. 그래서 조선시대 말에는 거사라
고는 하지만, 사당이 없이 풍물이 능한 사람들도 있게 되었다. 이들도 일반 거사들처럼
절 주변이나 산속에 있게 된 것이다. 이러한 집단을 관(官)에서는 '나기(儺技)패'라235)
했다. 풍물계통의 집단인 것이다.

이러한 '나기(儺技)패'와 같은 풍물계통 집단이 1865년 경복궁 중건 때의 사당패의
급부상으로 사당패가 당시의 대표적 공연집단이 되어 가자, 자신들도 그러한 사당패의
공연을 흉내 내어 하나의 공연패로 나섰다. 그들의 풍물 속에 이미 들어와 있던 남자아
이들인 무동들을 여장(女裝)시켜 사당을 만들어 곧 '남사당'을 만들고, 자신들은 거사가
되어 사당패의 소리를 부르며 사당패처럼 나선 것이다. 하나의 공연집단으로 나선 것
이다.

여기서 하나의 공연집단으로 나선 것이 중요하다.

송석하(1904~1948)는 다음처럼 사당패는 '인류사회의 암담한 한 페이지를 차지한
인생 최하부의 부류'라고 했다.

---

234) 且俗所謂居士者謀避良役遁居佛堂有妻有子招朋引類出沒閭里往往草竊此亦知委諸道毀去佛堂驅逐居士則八道當得
屢千閑丁

235) 『승정원일기』, 고종 19년(1882) 11월 19일(신축)

승려 자신의 생활 및 사회적 대우가 가속도적(加速度的)으로 악화됨에 따라 사당 거사의 생활도 일보일보(一步一步) 저하(低下)하여 인류사회의 암담한 한 페이지를 물들인 것이다.

......

그런데 이 인생 최하부(最下部)의 이면(裏面)을 가는 일군(一群)이 임진란(壬辰亂) 후 거사 사당[236]

그러면 그러한 사당패를 흉내 낸 남사당패도 사회적으로 이와 비슷한 부류의 사람들이 될 것이다.

사실 남사당패는 하룻저녁 숙식을 해결하기 위해 일반 서민들을 상대로 공연을 다닌 만큼 이들은 하루하루의 숙식도 스스로 해결하지 못하는, 하층의 일반 서민들보다 더 못한 사람들이었다. 또 오늘날의 시각에서 보면, 이들의 단체 내에서의 어른 남자와 남자아이인 무동의 숫동모, 암동모 관계, 여장한 남자아이인 무동 곧 남사당의 일반인들(대개 머슴들)을 상대로 한 계간(鷄姦) 팔기는 분명 아동 착취와 관련된 범죄적 행위들이다.

그런데 이러한 부정적인 요소들이 많음에도 불구하고 그들에게서 살펴야 하는 것은 곧 그들이 지닌 공연적 성격이다.

조선시대 말 이들은 사당패의 공연을 흉내 내어 이른바 자발적인 하나의 공연집단으로 나섰다. 아닌 말로 '집도 절도 없던' 그들은 공연을 통해 살 길을 찾아 보려 한 것이다.

전통사회의 대표적 예능집단인 기생과 광대는 관(官)의 필요에 의해 관리, 유지된 집단이었다. 이들은 기생이나 광대가 되고 싶어 된 것이 아니며 단지 기생의 딸이 기생이 되고, 광대의 아들이 광대가 된 것이다. 그러나 이들 남사패들은, 심우성이 말한 그대

---

236) 송석하, '사당고'(1940), 앞의 책, 101~102쪽.

로, '우리의 오랜 역사에 민중 속에서 스스로 형성'된[237] 공연집단이었다. 그들은 스스로 공연자의 길을 나선 것이다.

기생과 광대에게는 그들 존재들을 성립시킨 관(官)이 있었고, 사회적으로 일반적으로 이뤄져 있었던 수용층들이 있었으며, 나름의 가족들도 있었다. 사당패들에게도 절이 있었고, 불교 신자들도 있을 수 있었으며, 거주지도 있었으며, 나름의 가족도 있었다. 그러나 하나의 공연집단으로 나선 남사당패에게는 공연을 하는 것 외에는 아무것도 없었다. 공연을 위해 공연을 하고, 그러한 공연만으로 살아가야 했던 것이다.

그러므로 그들은 그들의 입장과 여건에서 할 수 있는 최선의 공연들만 하고 또 해야만 했던 집단이었다. 이것이 오늘날의 우리도 부정할 수 없는 남사당패의 공연 정신이다. 따라서 그들이 한 각종 소리, 풍물, 버나(접시돌리기), 땅재주, 줄타기, 탈놀이, 인형극, 발탈, 요술, 춤, 해금 연주, 중국인 곰놀이 등은 그들의 입장과 여건에서는 언제나 최선의 그것으로 공연되었다.

이러한 그들의 공연 정신은 그들의 공연을 전통사회에서는 흔히 '판놀이'라 했기에, 판놀이 정신이라 할 만하다. 그들은 초기에는 사당패의 공연을 흉내 내어 시장터나 마을 공터 같은 데서 판놀이를 벌였고, 이후 풍물 위주의 공연을 했을 때는 마을과 마을을 찾아다니며 이른바 '판놀이걸립'을 했기 때문이다.

원래 이들은 사당패처럼 절 주변이나 산속에서 살았기에, 사당패의 공연이 갑자기 각광을 받자 바로 사당패를 흉내 내어 남사당패를 꾸려 사당패 소리를 부를 수 있었다. 또한 사당패의 소리가 더 이상 각광받지 못하자 풍물을 확대하여 풍물 위주의 공연을 하고 인형극도 했다. 원래 이들은 절걸립계통의 풍물계통 사람들이었고, 넓게 보면 사당패나 그들이나 절 주변이나 산속에 사는 같은 집단이었기에 사당패들의 거사가 하는 그러한 인형극도 자기들의 것으로 할 수 있었기 때문이다. 그리고 원래 그들의 것이

---

237) 위의 책, 1974:1989, 32쪽.

아니었던 버나(접시돌리기), 땅재주, 줄타기, 탈놀이, 발탈, 요술, 춤, 해금 연주, 중국인 곰놀이 등도 가능한 한 배워서 하려 했고, 최대한 갖추려 했다.

어쨌든 그렇게 하게 된 그들의 공연물들은 계속 발전했다. 그들의 입장과 여건들에 따라 갖출 수 없는 것도 있었다. 또 배우기 어려운 것도 있었다. 줄타기와 땅재주와 같은 것이다. 이것들은 원래 광대집단 사람들의 것으로 광대집단계통 사람들이라도 어려서부터 일정한 교육과정을 제대로 거쳐야 할 수 있는 것들이었다.

그러나 그들은 사실상 공연을 하는 것 외에는 아무것도 없었기에, 그들이 할 수 있는 어떤 공연이든 갖추어서 하려고 했고, 그것들을 또한 언제나 최선을 다해 발전시켰다. 그래서 그들은 그들 집단 내의 숫동모와 암동모, 일반인들(대개 머슴들)을 상대로 한 '남사당'의 계간(鷄姦) 팔기 등 부정적인 면들이 있었으면서도 불구하고 전통사회의 기존의 기생집단이나 광대집단처럼 당대 사람들에게 어느덧 상당 부분 그 시대의 대표적 공연집단의 하나로 자리잡았다. 역사상 주목할 만한 특별한 공연집단의 하나가 된 것이다.

그래서 앞서 본 조명암의 '민속시초(民俗詩抄) 남사당(篇)' 6편(1922년 이전에 본 남사당에 대한 시들), 노천명의 〈남사당〉(1940) 같은 시들 외에 다음과 같은 소설들에서도 과거로부터 현재까지 적거나 많거나 간에 남사당을 소재로 해서 다루고 있다.

> 나도향, 〈벙어리 삼룡이〉(1925)/ 이기영, 〈고향〉(1934)/ 윤백남, 〈흑두건〉/ 이기영, 〈신개지(新開地)〉(1938)/ 김송, 〈남사당〉(1949)/ 류주현, 〈대원군〉(1967)/ 이용선, 〈동학〉(1970)/ …… 유현종, 〈들불〉(1987)/ 김용우, 〈남사당〉(1994)/ 혜범, 〈남사당패: 풍물 구도 소설〉(2001)/ 정창근, 〈남사당의 노래〉(2003) 등

이러한 시각에서 남사당패의 이제까지의 공연 활동들과 오늘날 남겨진 남사당패의 공연적 성과들을 바라볼 필요가 있다.

오늘날 남겨진 남사당패의 공연적 성과들은 각종 소리들, 풍물, 버나(접시돌리기〉, 줄타기, 땅재주, 탈놀이, 인형극, 발탈 등 남사당패가 공연했던 여러 영역들에서 발견할 수 있다.

각종 소리들로는 오늘날까지 조사된 전남 진도, 경남 거제도에서[238] 전승되는 남사당패 노래들, 전남 신안 비금도, 도초도 등에서 '밤달애놀이'라고 해서 동네에 초상(初喪)이 나면 그 지역 남자들이 거사와 사당으로 꾸며 부르는 이른바 '남사당 노래들' 등을 들 수 있다.

풍물에 있어서는 우선 과거 남사당패와 같은 전문적 풍물들에 의해 오늘날의 풍물이 경기·충청의 웃다리풍물과 경상·전라의 아랫다리풍물로 양분되기도 하는 것을 들 수 있다.[239] 이 중 경상·전라의 아랫다리풍물과 그 지역 남사당패들의 관계에 대해서는 아직 제대로 된 연구 성과가 없고, 경기·충청의 웃다리풍물이 남사당패계통 풍물이란 것은 뚜렷이 밝혀졌다. 풍물은 각 지역이 다르고 마을마다도 다르다. 그런데 이렇게 웃다리, 아랫다리처럼 양분된 풍물을 설정할 수 있는 것은 남사당패와 같은 전문단체의 풍물이 월등히 뛰어나, 이런 지역단위의 풍물이나 마을단위의 풍물들과 비교가 되지 않을 정도였기 때문이다.

서울의 '남사당놀이 보존회'가 전승하고 있는 풍물, 남운룡이 1954년에 시작한 안성농악(1997년 경기도 지정 무형문화재 제21호 '안성남사당놀이'), 남사당패로 활동한 최은창(상쇠, 1915~2002)·이돌천(상버꾸, 1919~1994)의 평택농악(1986년 국가 지정 무형문화재 제11호-나), 송순갑에 의해 이뤄진 대전웃다리농악(1989년 대전시 지정 무형문화재 제1호 '웃다리농악') 등은 같은 풍물들이고, 이 모두가 이 지역에서 주로

---

238) "이런 남사당패들이 퍼뜨린 속가가 전라도 신안과 진도, 제주도 성읍, 경상도 거제, 등지에서 채록되고 있다." 이보형, 「조선말기 사찰(寺刹) 밖의 불교음악 개관」, 『한국전통음악학』 제6호, 한국전통음악학회, 2005, 496쪽.

239) "충청도 경기도 이짝이를 웃다리라구 허구 아랫다리는 경상도 전라도 보구 인제 아랫다리라구 하구" 황인덕, 앞의 책, 503쪽.

활동한 남사당패들의 풍물인 것이다.

또한 이러한 웃다리풍물들에 있는 무동타기는 다른 풍물들에서 따라올 수 없고, 원래 이러한 남사당패 풍물에서 제대로 이뤄지던 12발 상모도 이제는 전국에 전파되어 있다.

버나(접시돌리기)는 원래 광대집단 사람들이 하던 것인데, 광대집단 사람들이 하던 것은 없어진 지 오래고, 남사당패의 그것만 서울의 '남사당놀이 보존회'에서 전승되고 있다가 이 역시 전국에 퍼졌다.

줄타기는 원래 광대집단 사람들이 하던 것이다. 그래서 이른바 '광대줄타기'는 근대 이후 '김봉업 – 임상문·이정업·이동안·김영철 – (김영철. 1976년 국가 지정 무형문화재 제58호 '줄타기' 보유자 인정) – 김대균(1967년생. 2000년 보유자 인정)'의 계보를 갖고 있다. 이른바 '남사당줄타기'는 광대줄타기의 재주 43개 정도에 비해 17개 정도만 갖고 있다. 줄의 규모도 작다. 광대줄타기가 간략화된 것이다. 그러나 광대줄타기에는 없는 '콩심기', '양반 병신걸음', '녹두장군 행차' 등 서민 관객들의 기호에 맞춘 남사당패 줄타기만이 가진 것들을 나름대로 갖고 있다. 이러한 남사당패 줄타기는 남사당패 원육덕패에서 활동하기도 했던 손만대의 그것을 조송자(여, 1931~2000)가 이었다. 조송자의 줄타기는 1991년 경기도 지정 무형문화재 제9호 '줄타기'가 되었으나 그녀의 사망 후 단절되었다.

서울 '남사당놀이 보존회' 줄타기는 현재 권원태(1967년생)가 하고 있는데, 그는 김대균과 다른 계통의 광대줄타기를 이었다.

땅재주도 원래 광대집단의 것인데, 대개 줄타기꾼이 땅재주를 겸했다. 그래서 쌍줄을 탔던 이우문이가 그의 동생 이재문과 송순갑에게 땅재주를 가르쳤고, 근대 무렵 대표적 줄타기꾼이었던 김봉업도 땅재주를 했다.[240]

---

240) 김봉업은 다음처럼 땅재주도 했다.

남운룡패에서는 송순갑이 가끔 땅재주를 했는데, 현재 서울 '남사당놀이 보존회'의 땅재주는 송순갑의 제자 이봉교(1955년생)가 하고 있다.

오늘날 서울 '남사당놀이 보존회'에서 줄타기를 하고 있는 권원태도 땅재주를 하고 있고, 그의 제자인 유진호(1992년생)는 그에게서 줄타기와 땅재주를 모두 배우고 한국예술종합학교에서 이봉교의 땅재주도 배웠다.

남사당 탈놀이는 양주별산대, 송파산대 같은 중부지방 산대탈놀이에서 나온 것이다. 첫째 마당 '마당씻이'는 꽹과리를 든 꺽쇠, 장구를 멘 장쇠, 징을 든 먹쇠 세 명이 나와 재담을 하다 꺽쇠가 고사소리를 하는 것으로 되어 있어, 남사당패의 독자적인 것이다. 그러나 나머지 둘째 마당 '옴탈잡이', 셋째 마당 '샌님잡이', 넷째 마당 '먹중잡기'는 산대탈놀이의 '목중과 옴중' 과장, '취발이놀이' 과장 등과 비슷하다.

인형극은 오늘날 서울 '남사당놀이 보존회'의 것이 전문적 인형극으로는 거의 유일하다시피 제대로 남아 있다. 이 인형극은 1964년 12월에 국가 무형문화재 제3호 '꼭두각시놀음'(1988년 '남사당놀이'로 명칭이 변경됨)으로 지정됨으로써 이후 남사당패의 다른 놀이들도 복원될 수 있게 되었다.

발탈은 과거 남사당패에서 놀아졌으나, 복원되지는 못했다. 그러나 과거 남사당패 발탈을 보았거나 보았을 것으로 여겨지는 발탈들이 경기도 구리시 아천동 우미내 마을이나 전남 완도 생일도의 서성리와 금곡리 마을들 등에 남아 있다. 특히 경기 명창 박춘재(1883~1950)가 한 발탈(1983년 국가 지정 무형문화재 제79호 '발탈')은 '박춘재 – 이동안·박해일 – 박정임·조영숙'의 계보로 전승되고 있다. 이러한 박춘재계통의 발탈 지정 조사를 했던 정병호는 이 발탈은 박춘재가 스스로 만들었을 수도 있다고 했으나,[241] 박춘재는 원래 경기 명창이고 놀이꾼은 아니었기에, 남사당패의 그것을 보고

"광무딕에 씨름 시작 ……그날의 주미잇는 일은 광무딕에셔 쌍직조흐는 김봉업(金奉業)이가 나와셔 장스픽 셰 명을 어렵지 안케 메여던져셔 만장의 갈칙셩이 야단이엿다는딕" 〈매일신보〉(1918. 2. 18.)

241) 졸고, 「경기 명창 박춘재론(論)」, 『한국음반학』 제7호, 한국고음반연구회, 1997, 150쪽.

흉내 내어 했을 것이라고 보는 것이 보다 적절할 것이다.

이 외에도 여러 영역들에서 남사당패의 공연들은 일반 서민들의 여러 민속예능 영역들에 영향을 미치며 그것들의 수준들을 높였을 것이다.

이러한 여러 사실들로 볼 때, 비록 100년 정도의 짧은 역사지만, 가장 기초적인 일반 서민들을 기반으로 했던 하나의 전공 공연집단이었던 남사당패는 우리나라의 민속예능의 여러 영역들에 상당한 영향들을 미쳤다. 또 이 집단이 주로 했거나 이 집단에 의해 남아 있는 풍물, 버나(접시돌리기), 땅재주, 인형극, 발탈 등과 같은 것들은 현재에도 우리나라의 대표적 민속예능들이 될 만한 것들이다.

부정적인 요소들도 많이 있고, 그 자신들 자체 일반 서민들보다 못하여, 사실상 사회적으로 가장 어려웠던 일반 서민들을 상대로 한 공연들을 통해 생존했던 집단들이었던 만큼 언제나 생존과 관련된 절박한 위기 의식 속에 언제나 최선을 다한 그들의 공연들은 우리나라 민속예능사의 여러 영역들에 있어 분명 상당히 많은 성과들을 남겼다.

7.

맺음말

1960년 이후 심우성이 충남 대전 옆 회덕에 살던 양도일을 시작으로 이른바 남사당 패 사람을 만나 보니 다들 먹고 살기가 어려웠다. 심우성은 남사당놀이를 한번 제대로 복원해 보자는 결심을 하고 서울 마포구 합정동 제3한강교 밑에 부친이 가지고 있던 밭에 2층집을 지었다. 처음에는 세 가족 정도 모였다가 나중에는 일곱 가족이 모여 살았다. 이렇듯 그들은 시대가 바뀌었는데도 여전히 '집도 없고 절도 없는 사람들' 비슷하게 살고 있었던 것이다.

또 합숙을 하러 모였을 때는 이미 탈이나 인형 도구들이 모두 사라진 상태였다. 다들 남의 집 막일을 하며 먹고 살던 처지여서 사물악기를 둘 장소도 없었던 것이다.[242]

인형을 두 번을…한 번은 일본 사람들한테 팔았구, 한 번은 서양 사람들한테 팔았답니다. 제가 팔은, 팔은 장면을 보진 못했고 그렇게 없어졌고, "왜 이렇게 철저하게 아무것도 없습니까?" 그랬더니, 다 없어요 뭐 (버나 돌리는 시늉) 버나니 뭐니 일체 아무것도 없어요. 그래서 처음 만들어가지고 연습을 몇 달 해서 겨우 재

---

242) 국립예술자료원, 『(2012년도 한국 근현대예술사 구술채록연구 시리즈 217) 심우성』, 2013.
    '박혜영, 앞의 글, 127~128쪽' 참조.

생이 되죠. 그래서 어느 정도 재, 재생 된 것이 그 남산에서 발표한 그때가[243] 첫 발표입니다.[244]

심우성의 이러한 노력이 없었다면, 남사당패는 아마도 역사 상에 그 이름만 남기고 사라졌을 것이다.

물론 그들이 사라지기 전에 그들을 성립시킨 조선이란 나라가 먼저 사라졌다. 조선이 망하지 않아 근대 사회로 이어졌다면, 하나의 생존 수단으로 공연을 한 그들도 근대적 예술관(觀)에 의해 하나의 예능집단으로 거듭나 예능을 위한 예능 곧 예능인들의 자기 완성의 과정으로 예능 활동의 길로 갈 수도 있었을 것이다. 그러나 그들 집단을 성립시킨 조선도 없어졌고, 새로운 시대에 맞춰 가며 살다 그들도 없어졌다. 1930년대 후반부터 전통적 남사당패가 사라져 갔으니, 심우성이 조사를 시작한 1960년이면 사실상 20여 년이 지난 뒤였다. 20여 년이면 한 개인의 인생들에서 보면 짧지 않은 시간이었음이 분명하다.

다행히 해방 후 전통적인 풍물이 활발히 되살아나고, 낭걸립, 절걸립 같은 종래의 걸립 문화도 많이 활성화되어, 그들의 예능 중 풍물만은 그래도 상당 부분 이어졌다.

그러므로 1960년 이후 남사당패를 위한 심우성의 활동이 없었다면, 풍물 외의 대부분의 남사당의 것들은 사라졌을 것이다.

당시 심우성은 '한국전통극연구소'를 개소하였듯 전통극에 관심이 많았다. 그래서 그는 남사당패 집단 자체에 대한 것보다는 그들이 해 왔던 각종 공연들에 더 관심을 가지고 그것들을 조사, 정리, 복원하는 일에 주력했던 것으로 보인다.

남사당패 집단 자체에 대한 역사적 연구는 대체로 미뤄 둔 것이다.

그리고 남사당패야말로 그 단체 생활에서 남자아이들을 여장(女裝)시켜 암동모로 만

---

243) 1964년 8월 15일 해방 기념일에 남산에서 공연을 했다. 그 다음 해에도 이와 같이 공연을 했다.
244) 국립예술자료원, 앞의 책, 78쪽.

들어 놓고 그들 내에서 숫동모·암동모 관계를 가지고, 그러한 남자아인인 암동모를 계간(鷄姦)으로 파는 '인생 최하부의 인간들'과 비슷한 존재들이었고, 하룻저녁 숙식(宿食)을 해결하기 위해 일반 서민들을 위해 공연을 하는, 하루하루의 숙식도 자체적으로 해결하지 못하는, 하층의 일반 서민들보다도 더 못한 사람들이었기에, 그러한 그들의 사정은 겨우 복원한 그러한 그들의 공연의 가치를 떨어뜨리는 부정적 요소들이 될 수도 있었다.

그래서 심우성은 그들의 역사나 그들 존재 자체에 대한 것은 그냥 그런 것으로 두고 그들의 공연을 복원하는 데 우선 주력했다. '『남사당패 연구』(동화출판사, 1974)'가 그 한 결과다.

그러나 한 집단의 역사적 실체에 입각하지 못한 그 집단의 공연 소개와 미화는 민속예능사적 차원에서는 물론 그 집단을 위해서도 궁극적으로 도움이 되지 않는다. 그 집단의 역사는 그 집단 자체이기도 하고 때로는 그 집단의 모든 것이 될 수도 있기 때문이다.

심우성은 '남사당패'에 대해 연구했으면서도 막상 그 남사당패를 성립시키고 존속시킨 그 '남사당'에 대한 조사연구는 제대로 하지 않았다.

그러나 후대의 조사연구자들에 의해 '남사당'은 남자아이를 여장시켜 만든 것이며, 초기의 남사당은 사당패의 조직과 같이 모갑이의 주도 하에 어른 남자인 거사와 여장한 남자아이인 사당 곧 남사당를 갖추고, 사당이 소리를 메기면 거사들이 소고를 들고 왔다 갔다 하며 후렴을 받듯 어른 남자든 남사당이든 모두 소고를 들고 어른 남자가 소리를 메기면 남사당들은 후렴을 받는 식으로 공연을 한 것이 밝혀졌다.

또한 사당패가 쇠퇴하자 이들을 흉내 낸 남사당패도 종래의 사당패 소리를 줄여 나가며 원래 절걸립계통의 풍물계통 집단으로 그들이 할 수 있었던 풍물을 확대하고 그 외에도 인형극 등 여러 놀이들을 갖추어, 초기의 남사당패처럼 시장터나 마을 공터에서 공연을 하는 것이 아니라 마을과 마을을 돌아다니며 판놀이를 하여 하룻저녁의 숙식을 제공받고 약간의 노자(路資)도 받을 수도 있는 이른바 '판놀이걸립'을 하는 집단이 되었다.

사실상 이러한 남사당패의 성립과 그 역사 속에 남사당패의 공연들이 조명되어 복원, 공연되어야 했던 것이다.

그러나 당시 남사당패의 공연을 복원하고 그 의의를 강조하는 것만으로도 힘들었을 심우성은 이러한 일까지 하는 것은 무리였다.

그것은 어쩌면 심우성 이후의 사람들이 해야 할 몫이었다.

여기서 그동안 남사당패에 대한 여러 조사연구자들의 조사연구들을 바탕으로 나름대로 남사당패의 역사와 그 공연들을 다뤄 보았다. 이제 1964년 12월 국가 지정 무형문화재 제3호 '꼭두각시놀음'(이후 1988년 '남사당놀이'로 명칭 변경)으로 시작된 남사당패의 다른 모습 '남사당놀이 보존회'에는 전통사회 하나의 역사적 집단으로서의 남사당패가 역사적, 사회적 차원에서 가졌던 여러 사실들은 없다. 이제는 그 남사당패가 했던 공연만이 남은 것이다.

공연에 있어 남사당패는 그것이 생존의 수단이었던 만큼 언제나 최선을 다했다. 그리고 판놀이 공연집단으로 일반인이 관심을 가질 만한 어떤 것이든 자신들이 할 수 있는 모든 것들을 갖추어 공연하려 했다. 이러한 공연과 관계되는 것만 '남사당놀이 보존회'가 이으면 된다. 그래서 지금 전승된 남사당놀이들도 이제는 시대가 바뀌어 예능을 위한 예능의 시대가 된 만큼 언제나 최고의 공연들로 하려 하며 또한 그것을 남사당패의 공연 정신으로 언제나 최선을 다해 해야 한다.

그리고 심우성에 의해 일단 정립된 풍물, 버나(접시돌리기), 살판(땅재주), 어름(줄타기), 덧배기(탈놀이), 덜미(인형극) 등 여섯 가지 종목들 외에 발탈, 얼른 등 과거에 남사당패들이 했던 종목들도 복원해 새로운 공연 종목들로 만들 필요가 있다. 일반의 관심을 끌 만한 어떤 것이든 가능한 대로 갖춰서 공연하고자 했던 것도 또한 남사당패의 중요한 공연 정신의 하나였기 때문이다.

전통사회 우리나라에서 자생적 공연집단의 하나로서 성립된 남사당패의 공연 정신은 오늘날에도 분명 제대로 이어받을 만한 것이다.

참고문헌

1. 자료

강우방·김승희 편, 『(증보판) 감로탱』, 예경, 2010.

강전섭, '경복궁영건가(景福宮營建歌)', 『한국학보』 제38호, 일지사, 1985. 3.

강한영 교주(校注), 『신재효 판소리사설집(全)』, 교문사, 1984.

'개화백경(開化白景) 19: 흥행(興行)', 〈조선일보〉(1968. 6. 4.)

'광무딕에 씨름 시작', 〈매일신보〉(1918. 2. 18.)

국립민속박물관, 『석남(石南) 송석하 영상 민속의 세계 -연희편』, 2004.

국립예술자료원, 『(2012년도 한국 근현대예술사 구술채록연구 시리즈 217) 심우성』, 2013.

김무조 엮음, 『화방사지』, 보문, 2006.

김송, (소설) 〈남사당〉(1947년 11월 작), 『(김송 단편집) 남사당』, 숭문, 1949.

김희태·최인선·양기수 역주, 『역주 보림사중창기』, 장흥문화원, 2001.

남운룡, '서민의 갈채속에 유랑50년 -남사당연희로 방방곡곡 누벼', 『신동아』 통권 제47호 7월호, 동아일
　　　　보사, 1968.

정약용 저, 다산 연구회 역, 『역주 목민심서Ⅰ』, 창작과 비평사, 1818:1978.

박용구, '(풍류명인야화 86) 명무한성준 8', 〈동아일보〉(1959. 8. 26.)

이진원, '자료: 박동실의 "창극이 걸어온 길을 더듬어"', 『판소리연구』 18, 판소리학회, 2004.

뿌리깊은나무 편, 『숨어사는 외톨박이』, 1995.

수원시, 『수원 근현대사 증언 자료집Ⅲ』, 2005.

『승정원일기』

신기남 구술, 김명곤 편, 『어떻게 허면 똑똑헌 제자 한놈 두고 죽을�꼬?』, 뿌리깊은나무, 1981:1991.

신영길 역주, 『한양가 -조선왕조 519년을 읊은 가사문학-』, 지선당, 2006.

'양도일(梁道一)옹', 〈동아일보〉(1968. 2. 17.)

오횡묵(1834~1906) 저, 함안문화원 역, 『경상도함안군총쇄록 상』, 2003.

이능화 저, 이재곤 역, 『조선해어화사(朝鮮解語花史)』, 동문선, 1926:1992.

이혜구, 「송만재의 관우희(觀優戲)」, 『중앙대학교 30주년 기념 논문집』, 1955.

『일성록』

전남 완도군 금당도 차우리 마을, 『동계책(洞禊冊) 하기(下記)』(1862~1927)

전남 완도군 금당도 차우리 마을, 『목계(木禊)』(1870~1986)

전통민속예술사, '(인간문화재시대를 연다) 남사당놀이 박계순씨', 『(계간) 전통민속예술』 1994년 봄호.

정현석, 『교방가요(教坊歌謠)』, 1872.

『조선왕조실록』

조풍연(1914~1991) 해설, 『사진으로 보는 조선시대 -생활과 풍속』, 서문당, 1996.

조흥윤 글, 『그림으로 본 19세기 한국풍속과 민중의식 '기산풍속도'』, 완자무늬, 2000.

지규식, 『하재일기』(1881~1911)

최나영, '팔도를 떠돌던 남사당은 민초들의 삶의 대변자: 무형문화재 3호 남사당놀이 예능보유자 김재원', 『(월간) 시대인물』 1991년 4월호 통권 12호, 시대인물사.

최원식, '(자료·해제) 풍속의 외피를 쓴 서정시 -조영출(趙靈出)의 민속시 6편-', 『민족문학사연구』 26권, 민족문학사학회·민족문학연구소, 2004. 11.

한성준(1874~1941) 증언, '고수 50년'(1937), 장사훈 편, 『여명의 국악계』, 세광음악출판사, 1989.

함안문화원, 오횡묵(1934~1906)저, 역 『전(傳), 서산대사 진법군고 -해남 전통민속 발굴보고서』, 해남문화원, 1991.

황도훈, 『전(傳), 서산대사 진법군고 -해남 전통민속 발굴보고서』, 해남문화원, 1991.

2. 논저

고순희, 「〈경복궁영건가(景福宮營建歌)〉 연구」, 『고전문학연구』 제34집, 한국고전문학회, 2008. 12.

김경옥, 「조선후기 금당도 이주민의 입도(入島)와 봉산운영(封山運營)」, 『도서문화』 17, 목포대 도서문화연구소, 2001. 2.

김용섭, 『조선 후기 농업사 연구』, 일조각, 1987.

김원민, 「남사당풍물의 변화양상 고찰」, 한예종 전문사논문, 2008.

김정아, 「웃다리 평택풍물 교육과정 연구」, 단국대 석사논문, 2011.

김정헌, 「농악(農樂)'과 '풍물(風物)'의 타당성 검토와 '농악(農樂)' 비판에 대한 반론」, 『문화재』 제42권 제4호, 국립문화재연구소, 2009.

김종철, 「19세기 충청도 광대 도중(都中)의 존재와 그 권익 활동」, 『판소리연구』 제36집, 판소리학회, 2013. 10.

김한영 엮음, 『남사당 전통과 바우덕이 담론』, 민속원, 2015.

김현숙, '1. 음악과 문화로서의 진도농악', 『진도의 농악과 북놀이』, 국립남도국악원, 2009.

김흥규, 「조선후기의 유랑예능인들」, 『고대문화』 제20집, 고려대학교, 1981.

문성렵·박우영, 『조선음악사(2)』, 과학백과사전종합출판사, 1990.

박용태·양근수, 『박첨지가 전하는 남사당놀이』, 앰-애드, 2008.

박은용, 『사당패 형성에 관한 력사적 연구』, 「고고민속」 3호, 평양: 과학원출판사, 1964.

박혜영, 「남사당의 이합집산과 당진지역 걸립패의 활동」, 『남도민속연구』 32권, 남도민속학회, 2016. 6.

박흥주, 「전라남도 서남도서해안지방의 군고 연구를 위한 시론」, 『한국의 민속과 문화』, 경희대 민속학연구소, 2007.

반혜성, 「진도 마당놀이요(謠)에 관한 연구 -남사당패와의 관련성 여부를 중심으로-」, 서울대 국악과 석사논문, 1988.

서연호, 『한국 전승연희의 현장연구』, 집문당, 1997.

손인애, 『향토민요에 수용된 사당패소리』, 민속원, 2017.

졸　고, 「경기 명창 박춘재론(論)」, 『한국음반학』 제7호, 한국고음반연구회, 1997.

졸　저, 『광대 집단의 문화 연구① 광대의 가창 문화』, 집문당, 2003.

졸　고, 「정초 집돌이농악과 지방관아 나례희의 관련 양상」, 『한국음악사학보』 제49집, 한국음악사학회, 2012.

졸　고, 「조선 후기 연희의 소통과 향유」, 『한국전통공연예술학』, 제3집, 한국전통공연예술학회, 2014.

졸　고, 「조선 후기 절걸립패 풍물의 성립과 그 풍물사적 의의」, 『문화재』 제50권 1호, 국립문화재연구소, 2017.

송기태, 「전남 남해안지역 절걸립패의 활동 및 성격 고찰」, 『남도민속연구』 제13집, 남도민속학회, 2006.

송기태·엄수경, '전남 강진군 군동면 화산리 화방마을 풍물굿 조사', 『남도민속연구』 제9집, 남도민속학회, 2003.

송석하, 『한국민속고』, 일신사, 1960.

신근영, 「일제 강점기 곡마단 연구」, 고려대 문화재협동과정 박사논문, 2013.

신용하, 「두레 공동체와 농악의 사회사」, 『한국사회연구2』, 한길사.

심우성, '(무형문화재조사보고서제40호) 남사당'(1968), 『무형문화재조사보고서』 제6집, 문화재관리국.

심우성, 『남사당패 연구』, 동문선, 1974:1989.

심우성, 『민속문화와 민중의식』, 동문선, 1985.

심우성, '(기획2: 조선후기 사회변동과 예술) 남사당패', 『역사비평』, 역사비평사, 1993. 11.

심우성, '꼭두쇠 바우덕이 -'바우덕이'에 관한 사실적 접근', 『극작에서 공연까지』 2009년 가을 통권 21호, 지성의샘, 2009. 10.

심우성 글, 송복화 사진, 『남사당놀이』, 화산문화, 2000.

윤광봉, 『유랑예인과 꼭두각시놀음』, 밀알, 1994.

예용해, 『인간문화재』, 어문각, 1963.

이경엽, 「도서지역의 민속연희와 남사당노래 연구 -신안 남사당노래의 정착 과정을 중심으로」, 『한국민속학』 제33집, 한국민속학회, 2001. 6.

이경엽, 「서남해 지역의 남사당 관련 민속연희와 연희자 연구」, 『고전희곡연구』 제5집, 한국고전희곡학회, 2002. 8.

이경엽·송기태, '(남해군 일대 조사보고서) 남해군 서면 염해마을 남사당패', 『남도민속연구』 제14집, 남도민속학회, 2007.

이두현, 『(개정판) 한국연극사』, 학연사, 1985.

이보형, 「조선말기 사찰(寺刹) 밖의 불교음악 개관」, 『한국전통음악학』 제6호, 한국전통음악학회, 2005.

이소라 편저, 『대전웃다리농악』, 대전직할시, 1991.

이창배 편저, 『한국가창대계』, 홍인문화사, 1976.

장대원, 「경복궁 중건에 대하여」, 『향토서울』 제16호, 서울특별시사편찬위원회, 1963.

장주근, '무속', 『한국민속종합조사보고서 9 -경기도편』, 1978.

장주근, 『한국의 향토신앙』, 을유문화사, 1998.

장휘주, 「사당패의 집단성격과 공연내용에 대한 사적 고찰」, 『한국음악연구』 제35집, 한국국악학회, 2004.

장휘주, 「'사당패' 관련 명칭에 대한 사적 고찰」, 『공연문화연구』 제13집, 한국공연문화학회, 2006.

전신재, 「거사고(居士考) -유랑 예인집단 연구서설」, 『한국인의 생활 의식과 민중 예술』, 성대 대동문화연구소, 1984.

전영주, 「조명암의 '남사당'연작시 연구」, 『국어국문학』 제161호, 국어국문학회, 2012. 8.

정병호, 『농악』, 열화당, 정병호, 1986.

정병호·최헌, '무형문화재지정 조사보고서 제149호 태평무와 발탈'(1983), 『무형문화재 조사보고서 제17집』, 문화재관리국.

정형호, 「경복궁 중건과 바우덕이의 관련성 고찰」, 『한국민속학』 제53집, 한국민속학회, 2011. 5.

진회숙, 「진도들노래에 관한 연구」, 서울대 국악과 석사논문, 1985.

최종성, 「조선시대 왕도(王都)의 신성화와 무속문화의 추이」, 『서울학연구』 21, 서울학연구소, 2004.

한만영, 「화청과 고사염불」(1977), 『한국불교음악연구』, 서울대출판부, 1990.

한상길, 『조선후기 불교와 사찰계』, 경인문화사, 2006.

허옥인 편저, 『진도속요와 보존』, 진도민요보존회, 1986.

허용호 글, 정수미 사진, 『발탈』, 국립문화재연구소, 2004.

홍원의, 「사당패의 역사적 성격과 남사당패로의 전환 -안성 청룡리 사당패를 중심으로-」, 안동대 민속학과 석사논문, 2016.

황인덕, 『전승문화의 기반탐구』, 충남대출판문화원, 2019.

[부록]

1. 전남 완도군 금당도 차우리 『동계책(洞禊冊) 하기(下記)』(1862~1927) 중 '남사당' 관련 자료

[그림 38] 『동계책(洞禊冊) 하기(下記)』 표지

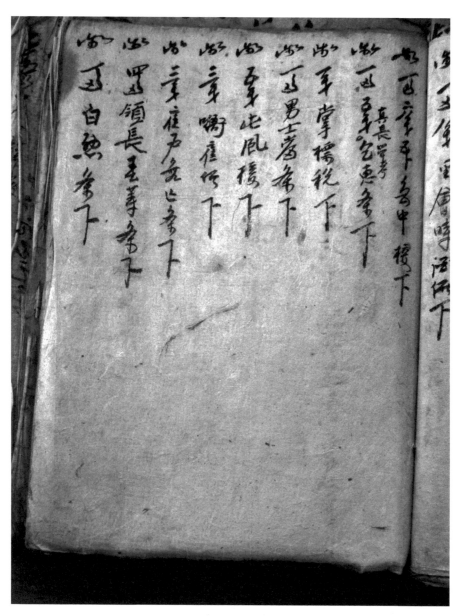

[그림 39] 경진년(1880) 10월 30일 이후
'남사당(男士黨)'

전통사회 남사당패 성립에 대한 민속예능사적 연구

[그림 40] 병술(1886) 10월 30일 이후
'남사당(男士當)'

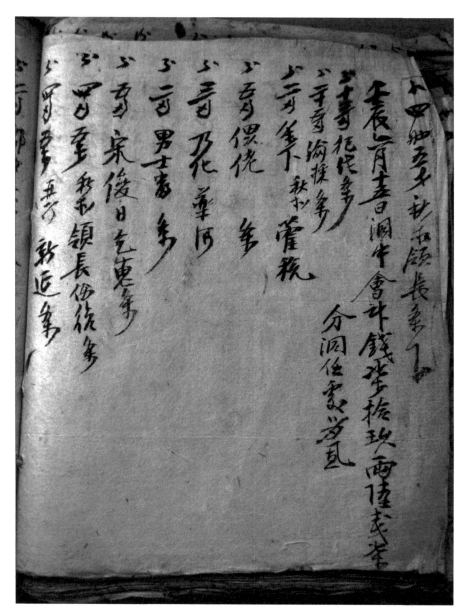

[그림 41] 임진년(1892) 6월 15일 이후
'남사당(男士當)'

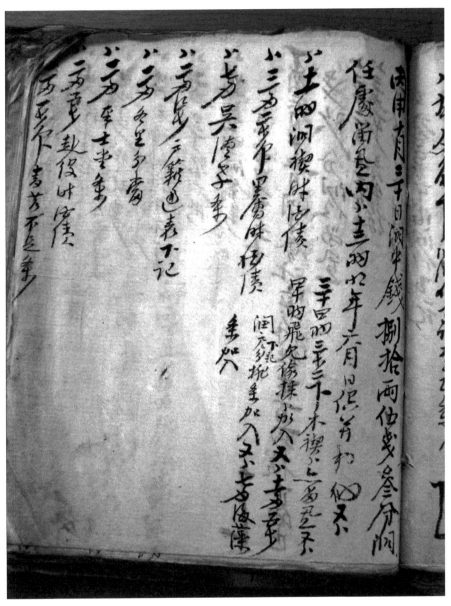

[그림 42] 병신년(1896) 10월 30일 이후
'남사당(南士堂)'

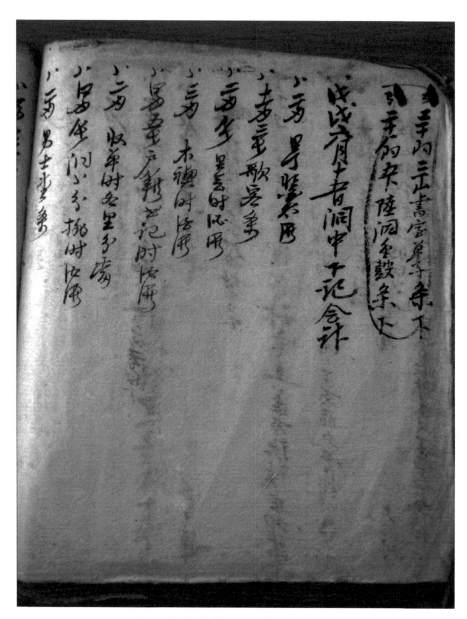

[그림 43] 무술년(1898) 6월 15일 이후(1)
'남사당(男士堂)'

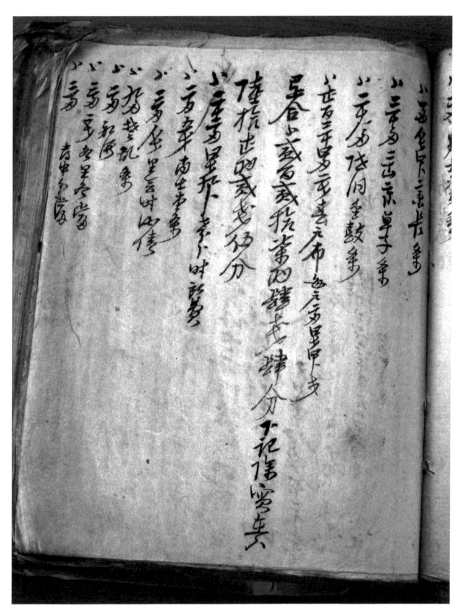

[그림 44] 무술년(1898) 6월 15일 이후(2)
'남사당(南士堂)'

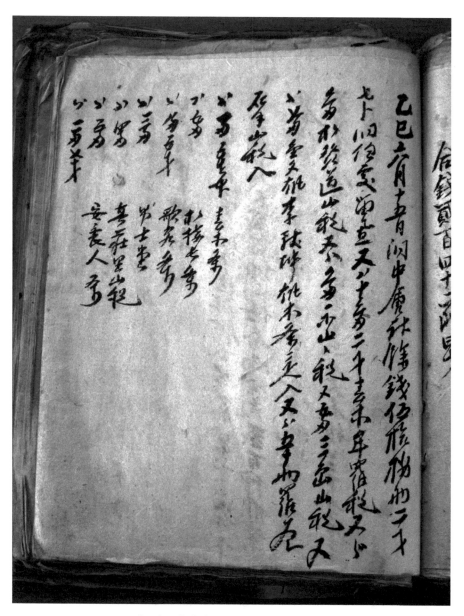

[그림 45] 을사년(1905) 6월 15일 이후
'남사당(男士堂)'

2. 전남 완도군 금당도 차우리 『목계(木禊)』(1870~1986) 중 정유년(1897) 기록

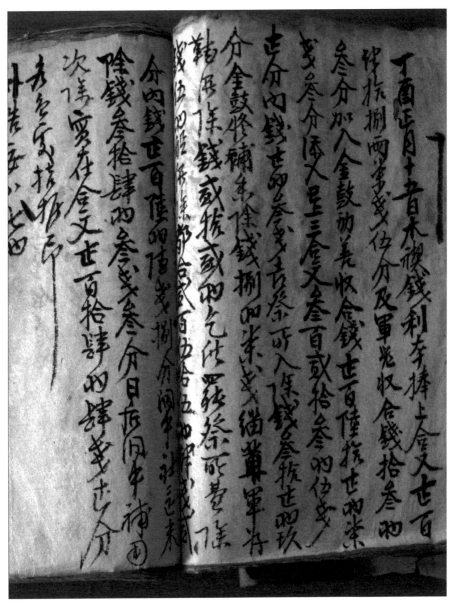

[그림 46] 정유년(1897) 1월 15일
'치배군(緇輩軍)'의 걸립 사실

3. 면담조사 자료

- 윤한병 님
- 심우성 님
- 이걸재 님(1·2차)
- 김용래 님

윤한병 님(1959년생, 57세)
  ; 조송자님의 아들, 조송자님의 줄타기에 오랫동안 동행함

일시: 2015. 11. 19(목).
장소: 서울 성북구 수유동 자택 근처 커피집
조사자: 필자   채록자: 필자   자료보존: 녹음

[정리채록]245)

손태도: 선생님 바쁘실 텐데 이렇게 시간을 내주셔서 감사합니다.

윤한병: 어머님 일이니까, 제 일이기도 하죠.

손태도: 조송자 선생님(1931~2000)은 어디서 태어나셨나요?

윤한병: 원래 용인 분이십니다. 경기도 고양시에서도 사셨죠. 그러다 서울 성북
구 산75번지에서 오래 사셨죠. 거기서 제가 태어났죠. 48년 정도 사셨
습니다. 성북구 그 집은 나중에 주소지가 도봉구 삼양동, 이후에는 강북
구 삼양동으로 바뀌었습니다. 삼양동 그 집 뒤 옹벽 위에 남사당패의 집
이 있었습니다.246) 밥을 먹을 때도 그랬고, 남사당패 사람들이 우리집
에 들락날락했습니다. 말년에는 광주 무갑리로 가서 사시다 거기서 돌
아가셨죠.

---

245) '정리채록'은 제보자가 말한 내용을 채록자가 정리된 형태로 기록하는 것을 말한다. 반면 '직접채록'은 말한
내용을 그대로 기록하는 것이다.

246) 남사당패의 집은 이후 합정동으로 갔다가 인천으로 옮겼다 한다.

손태도: 조송자 선생님께서 어떻게 줄타기를 배우시게 되셨나요?

윤한병: 외조부님이 조 길자 환자라고 국악을 하시는 분이셨습니다. 그분의 친구인 손만대라는 분이 있는데, 그 두 분들이 줄타기를 가르치셨다고 합니다. 7살 때부터 배워 9살 때부터 줄을 타셨데요. 이상하게 줄에 오르면 신명이 나셨데요. 손만대라는 분은 요즘으로 치면 흥행사와 같은 분이신데, 어디 공연을 따오면 외조부님이 줄을 설치하고 반주도 하는 식으로 해서 공연들을 다니셨죠.

　　외조부님은 제가 4~5살 때 돌아가셨고, 외조모님은 제가 중학교 2학년 때 돌아가셨습니다. 외조모님의 함자는 강어인년이라고 알고 있습니다.

　　20대 중반 시집가시기 전까지는 손만대 씨가 붙이는 공연에 다니시다 결혼 후 그런 관계가 끊어진 것 같습니다. 이후 남사당패에 들어가 공연을 다니셨죠.

손태도: 집에 줄이 있었는지요?

윤한병: 집에 줄이 1벌 있어서 그것을 가방에 넣고 다니셨어요. 남사당패에도 줄이 1벌 있었고요. 공연이 있으면 남사당패 단체에서 작수목을 설치해 줄을 매어 두죠.

손태도: 스님옷 그런 것은 없었나요?

윤한병: 단원복 2~3벌 하고, 승복, 고깔이 있었어요.

손태도: 줄타기를 할 때 그런 승복을 입고 탄 적이 있나요?

윤한병: 승복을 입고 줄을 탄 적은 없습니다.

　　어머님이 회심곡 같은 것도 잘했어요. 그래서 남사당패의 공연 사이에 꽹과리를 치며 회심곡도 부르곤 했어요. 원래 노래를 잘하셨어요. 또 탈놀이를 할 때는 노장역을 맡아하곤 했죠.

　　1975년경 남사당패에서 나와서 공연을 할 때는 제가 작수목을 설치하여 줄을 매었습니다. 공연 도중에는 제가 마이크를 갖다 드렸고요.

　　줄은 인천 바닷가에 가서 사용한 지 3~4년 정도 된 것을 사다가 사용하셨어요. 3~4년 정도 사용해서 늘어날 만큼 늘어났기에 줄타기를 할 수 있는 것입니다. 새 것은 늘어나기 때문에 줄타기를 못해요. 작수목은 소나무로 만든 것인데, 말뚝을 박고 쐐기 나무들을 박아 고정된 것에 줄이 매여 있으면 그것으로 줄을 밀어 올려 높이를 조절했죠. 작수목은 그냥 세워만 두었지 요즘처럼 땅을 파거나 연결나무를 대어 고정시키지는 않았습니다.

손태도: 줄을 타실 때 복장은 어땠습니까?

윤한병: 아래·위로 흰색 옷을 입고 남색 조끼를 걸치셨죠. 이마에는 남색, 자주색, 흰색 같은 띠를 매셨는데, 대체로 남색 띠를 많이 매셨어요. 그 띠에는 화려한 브로치를 하나 다셨고요. 아래에 차는 것은 '삽바'라고 하셨습니다.

손태도: 공연 시간은 얼마 정도 걸렸나요?

윤한병: 30~40분 걸리죠.

손태도: 발은 줄 위에 똑바로 놓나요?

윤한병: 약간 비스듬하게 밟죠.

손태도: 콩심기는…

윤한병: 콩심기가 있죠. 비오면 빨리 심는다고 마지막에는 마구 빨리 심죠. (웃음)

손태도: 닭홰치기가 있었다는데요.[247] 가로로 앉아 있는 경우도 있나요?

윤한병: 그런 것은 못 보았습니다.

　　　　줄 위에서 병신춤을 추는 것이 있는데, 그것 쉬운 일이 아닙니다.

손태도: 줄 아래에 배우씨가 있었나요?

윤한병: 줄 밑에 사람이 있으면 집중이 안 됩니다. 제가 어머님이 재담을 하거나 노래를 부를 때 유선 마이크를 들고 다녔습니다. 요즘은 무선 마이크가 있으니 그럴 필요가 없지만요.

---

247) '닭홰치기'는 두 다리를 한 쪽으로 한 채 줄 위에 앉아 있는 것인데, 당시 손태도는 닭이 홰에 앉아 있듯 아주 가로로 앉아 있는 것으로 오해해서 이렇게 물은 것이다.

배우씨는 반주자가 배우씨입니다. 반주에는 장구, 북, 징, 피리, 해금, 호적 등이 있었어요.

손태도: 남사당패에서는 어떻게 나오게 되었나요?

윤한병: 보유 심사는 받았는데 보유자가 되지 못하셨어요. 땅 위에서 노는 사람도 지정하는데 말이죠. 결정적인 것은 1970년대 후반에 '남사당'이란 영화가 제작되었는데,[248] 어머님이 줄을 타셨죠. 그런데 영화 속에 줄타기꾼이 몸을 파는 장면이 있었죠.

손태도: 그걸 연기하는 배우는 따로 있었겠죠.

윤한병: 글쎄 그 당시 어머님이 50대 전이었는데, 그 일로 해서 어쨌든 단체를 나왔죠. 회원 이름은 그대로 두고요. 이후에 다른 여자 분이 줄타기를 한다고 했습니다.

손태도: 조송자 선생님의 생활은 어땠습니까?

윤한병: 화폐 교환 전에는 집에 돈을 쌓아 두셨답니다. 돈이 바뀌어 거의 모두 휴지가 됐고, 6·25를 겪으며 또 고생을 하셨데요. 우리 부친은 어머님이 돈을 벌어 두시면 가져다가 쓰시기만 하셨습니다. 또 가끔 주먹질이었어요. 공연 날 줄타기꾼이 사정상 줄을 못타게 됐다고 하면, 사람들이 얼굴이라도 보여 달라고 했어요. 퉁퉁 붓고, 멍이 든 얼굴을 본 뒤에는 아무 말들을 하지 않았죠. 참 있을 수 없는 일이죠.

손태도: 부친은 국악과 관련이 없습니까?

윤한병: 아무런 관련이 없습니다.

손태도: 그냥 한량이셨네요.

윤한병: 한 번은 제가 7살 때였는데, 어머님이 커피 2잔을 내놓는 거예요. 마셔라고. 그런데 마시려니까 컵을 나꿔채신 뒤 우시더라고요. 그 커피에 독을 넣으신 거예요. 같이 먹고 죽으려고요. 저야 그 커피에 독이 들었는지, 꿀이 들었는지 알 게 뭐예요. 어머님이 먹으라고 하면 먹는 것 아녜요……. 누님은 저보다 4살 많은데 다른 집에 살고 있었고, 내 동생 순병

---

248) 1975년 4월 개봉.

이는 저하고 10살 차이 납니다.

저희 아버님은 어머님이 돌아가신 지 80일 뒤 돌아가셨는데, 저는 눈물도 안 나오더라고요.

손태도: ……박상미양은?

윤한병: 상미는 1985년생입니다. 제 둘째 딸과 동갑이죠. 상미는 저의 이혼한 외사촌 동생의 딸입니다. 3~4살 때 데려와 저희 누님의 딸로 호적에 올려 놓았죠. 광주 무갑리에서 어머님이 거의 혼자 기르시며 줄타기를 가르쳐 초등학교 들어갈 때 데뷔를 했죠. 남한산성, 광주공설운동장 같은 데서 공연하고 일본에도 공연을 갔다 왔어요. 그러다 저희 어머님이 돌아가신 뒤부터는 줄타기를 하지 않고, 4~5년 전부터는 연락도 되지 않아요. 중간에 남사당패에서 줄을 타지 않더라도 줄타기만 다른 사람에게 가르쳐 주면 좋은 대우를 해 주겠다고 했지만 그 제안을 받아들이지 않았어요.

(2015년 11월 12일 전화 통화)

손태도: 선생님, 경기도 광주군 초월면 무갑리는 외조모님이 살던 집인가요?

윤한병: 그건 아니고요. 원래 외조부모님이 경기도 용인에서 사시다 경기도 광주 삼육재활원 가는 길 근처 초가집에 사셨어요. 거기서 외조부님이 돌아가셨고요. 그 뒤 외조모님은 경기도 경환읍 시내버스 종점 뒤 작은 집에 세들어 사시다 그 곳에서 돌아가셨죠.

　　무갑리는 외조모님이 사시던 곳이 아니라 그곳에 일을 하러 많이 다니신 곳이고, 그 곳에 어머님이 아는 사람들도 있어 말년에 어머님이 그 곳에 가서 사신 것이죠.

손태도: 감사합니다.

심우성 님(1934~2018, 당시 82세)
  ; 민속학자, 남사당놀이 복원·재현인

일시: 2015. 12. 11(금).
장소: 서울 종로구 인사동 찻집 '귀천(歸天)'
조사자: 필자 채록자: 필자

[정리채록]
심우성: 뭘 물으시려고 하시죠?

손태도: 선생님, 줄타기하셨던 조송자 씨라고 있지 않습니까? 그 분의 스승이
부친인 조길환 씨하고 손만대 씨란 분이셨습니다. 손만대 씨는 줄을 탔
답니까?

심우성: 조송자 씨가 그 분도 줄을 탔다고 합니다.

손태도: 조송자 씨가 줄을 타는 것 중에 '외허공잽이'와 '쌍허공잽이'가 있는데
요, 김대균 씨가 줄을 타는 것을 보면 줄을 다리 사이에 끼고 앉아 탄력
을 주어 몸을 띄워 외허공잽이는 한 다리를 높여 코를 찰 정도가 되고,
쌍허공잽이는 그렇게 두 다리를 올립니다. (비슷하게 흉내를 내어 보임)
조송자 씨의 '외허공잽이'와 '쌍허공잽이'도 그런 것인가요?

심우성: 그렇게 비슷하게는 했습니다.

손태도: 조금 민감한 문제이기는 합니다만, 그래도 여쭤 보겠습니다.
조송자 씨가 왜 문화재 보유자로 지정되지 못했나요?

심우성: 나중에 들어왔기 때문입니다. 원래 줄을 남자가 탔고, 조송자 씨는 나중
에 들어왔는데, 남운룡 씨(본명 남형우), 양도일 씨 이런 분들이 조송자
씨의 연락처를 알지 못했어요. 요즘처럼 전화가 있는 것도 아니고. 어디
사는지도 몰랐던 거죠. 그래서 1차 지정때 이름을 올리지 못한 것입니
다. 1차 지정 후 연락이 되어 경복궁 아주 뒤쪽 청와대 가까운, 건물은
별로 없고 나무만 있는 곳에서 남사당 6개 놀이를 놀아 영상을 찍었죠.

손태도: 이후 1970년대 중반에 또 한 번 지정 조사를 하셨잖아요.

심우성: 했죠. 덕수궁에서 다시 남사당 6개 놀이를 놀았죠. 그때 영상을 찍은

사람들이 많습니다. 그렇게 놀아서 1차 지정 때 빠진 사람들이 인정을 받았죠. 그럴 때 박헌봉 씨하고 또 다른 한 분 문화재위원들이 그런 문화재 지정 조사나 지정하는 일을 앞장서서 많이 도와주었어요.

손태도: 송순갑 씨하고 조송자 씨는 끝내 지정받지 못했잖아요. 기량이나 기술이 부족해서 그런 것입니까?

심우성: 기술이 부족하고 뭐 그런 문제가 아닙니다. 당시 문화재관리국에서 돈이 없어 더 지정을 못한다는 거예요. 나는 남사당 6개 놀이에 이 사람들이 한 사람이라도 빠지면 안된다고 모두 지정해야 된다고 주장하니까, 문화재관리국에서 그렇게 더 지정을 할 만한 돈이 없다는 거예요. 그때나 지금이나 유형문화재의 관리에나 돈이 많이 배정되고 무형문화재는 그렇지를 못하잖아요. 그래도 그 분들을 인정해서 남사당에 배정되는 예산들을 그 송순갑 씨, 조송자 씨에게도 남운룡 씨, 양도일 씨처럼 같이 나눠 주었어요.

손태도: 남사당단체에서 자율적으로 그렇게 한 겁니까?

심우성: 국가 돈을 단체가 그렇게 마음대로 할 수 있나요. 문화재관리국에서 그렇게 나눠줬어요.

손태도: 조송자 씨는 1991년에야 경기도 지정 문화재 보유자가 되셨는데요?

심우성: 그 당시 경기도 도지사가⋯⋯이름이 생각 안 나네요. 내가 몇 번 경기도 지사를 만나 부탁해서 그렇게 되었죠. 송순갑 씨도 보유자가 못 되어 고생을 많이 하고⋯⋯.

손태도: 1980년 무렵 조송자 씨가 남사당에서 나온 뒤, 김정순 씨가 남사당에서 줄을 탔는데요. 그 분은 누구에게 배운 거죠?

심우성: 남운룡 씨, 양도일 씨, 송순갑 씨 등이 김정순 씨는 조송자 씨에게 배웠다고 하는데, 김정순 씨는 그게 아니라고 했죠. 당시에는 돌아가신 다른 분에게 배웠다고 했습니다. 남운룡 씨 등이 이랬다 저랬다 하는 게 있어요. 조송자 씨도 그렇고⋯⋯. 뭘 조금 배우기는 했겠죠.

손태도: 조송자 씨가 남사당에서 나온 뒤 그 대신으로 들어온 사람이어서 사승

관계가 성립될 사정이 전혀 없는 것 같아요.

심우성: 그럴 수 있죠. 그때만 해도 다른 줄타기꾼들이 있으니까, 김정순 씨 말대로 다른 사람에게 배울 수도 있는 거죠.

　　1960년대 중반만 하더라도 경남 진주에도 경기, 경성에 있는 남운룡 씨 패 같은 공연단체가 있었어요. 양도일 씨와 송순갑 씨는 그러한 진주에도 가끔씩 내려가 공연했어요. 한 번은 송순갑 씨와 같이 진주에 갔었는데, 무슨 여관이었는데……그런 여관에 있던 사람이 줄타기를 하는 것을 보여 줬죠.

손태도: 남자였습니까, 여자였습니까?

심우성: 남자죠.

손태도: 이수영 씨라고 고사소리를 잘하시던 분이 있으시잖아요. 그 분은 남사당패에는 원래 줄타기와 땅재주가 없었다는데요.

심우성: 이수영 씨는 원래 남사당이 아닌데, 남운룡 씨의 수양아들이 되어 남운룡 씨의 것을 그대로 물려받았죠. 남사당에 원래 줄타기와 땅재주가 있었습니다.

손태도: 땅재주는 송순갑 씨부터 시작되었다는데요?

심우성: 아닙니다. 남운룡 씨의 큰아들…

손태도: 남기환 씨를 말씀하시나요?

심우성: 그보다 더 위에. 그 사람이 땅재주를 했어요.

손태도: 아, 송순갑 씨 이전에도 김봉재란 분도 땅재주를 했다고 하셨더라고요. 사당패와 남사당패가 있으면, 남사당패는 사당패의 연장일 것 같은데요?

심우성: 사당패와 남사당패는 완전 다른 집단입니다. 사당패가 있고, 남자들로만 된 남사당패가 있는 거죠. 그런데 마지막에는 합쳐서 하기도 했대요. 남운룡 씨의 둘째 부인 박계순 씨가 들어왔을 때 그런 때 말이에요. 그때 말들이 많았죠.

손태도: 이미 바우덕이 때부터 그렇게 된 것 아닌가요?

심우성: 남사당은 잘 안 되는데, 여자가 있으면 사람이 모이니까요. 그래서 바우
　　　　덕이가 남사당패에 들어와 대장질도 한 거죠. 바우덕이 이야기는 양도
　　　　일 씨가 많이 했어요.

손태도: 바우덕이가 줄도 탑답니까?

심우성: 온갖 것을 다 했대요. 줄도 탔다는 것은 그냥 사람들에게서 들은 이야깁
　　　　니다.

(화장실에 다녀오심)

심우성: 이제 그만합시다.

손태도: 다음에 다시 한번 더 모셨으면 합니다.

심우성: 안 오셔도 됩니다. 멀리서 이렇게 오시니……
　　　　(인사동에 머무시는 여관에 들어가시는 것을 보고 돌아감)

이걸재 님(1956년생, 65세); 면담조사(1차)
; 공주지역 민속연구가

일시: 2020. 8. 16(일).
장소: 충남 공주시 의당면 '의당터다지기소리' 보존회 사무실
조사자: 필자 채록자: 필자 자료보존: 녹화 및 녹음

　　(오전 10시경 전화 통화)

손태도: 선생님 충남대 박종익 선생님의 소개로 전화를 드립니다. 저는 판소리
　　　　나 남사당패놀이 같은 공연들에 대해 공부하고 있습니다.

이걸재: 공주에는 김갑순이라고 5만 석 부자가 있었습니다. 5만 석이니 경주의
　　　　최부자보다도 부자였던 모양입니다. 김갑순은 스스로도 판소리를 부르
　　　　고 판소리인들도 많이 후원했습니다. 특히 그 세번째 부인은 기생첩으
　　　　로 판소리음반을 남길 정도였습니다. 판소리를 좋아하고 또 후원해서
　　　　그 사랑채에는 판소리인들이 들락거렸고, 공주 출신 명창으로 황호통이
　　　　있는데 그 아들도 판소리꾼으로 그의 사랑채에 살다시피 했답니다.

　　　　이동백과 김창룡도 공주에 많이 있었는데, 이동백은 공주에 기생첩
　　　　을 하나 두어 집까지 갖고 있었고, 김창룡은 셋집을 하나 가지고 있었
　　　　습니다. 이런 이야기는 박동진 선생에게 들었습니다.

　　　　김갑순은 공주에 극장을 세우고 논산, 대전에도 세웠는데, 논산, 대
　　　　전에는 실패했습니다. 공주에는 충청감영이 있어 기생, 악공 등이 있는
　　　　등 공연관람 문화가 있었는데, 다른 지역에는 그런 공연관람 문화가 없
　　　　었기 때문이죠. 공주극장은 아카데미극장으로 이름이 바뀌었다가 나중
　　　　에 없어졌습니다.

손태도: 선생님이 참 중요한 것을 조사하셨네요.

이걸재: 장터의 공연에는 세 가지가 있습니다. 첫째, 사당패(*남사당패를 말한
　　　　것이 아닌가 여겨짐)의 공연으로 고급 공연예술이죠. 둘째, 무속집단이
　　　　하는 것이 있습니다. 셋째, 지역농악패가 하는 것이 있습니다. 장터에

서의 이런 공연은 그 공연집단만이 할 수 있는 특권 같은 것이 있었던 것 같습니다.

　　김포의 절걸립패, 옥천의 사물놀이 김덕수 씨의 작은 아버지가 주도한 절걸립패가 있었는데, 절걸립이 끝난 뒤 이들이 장터에서 공연을 하기도 했습니다. 김덕수 씨의 아버지 김문학은 일찍 돌아가셨대요. 대전에서부터 세종 장터, 구성 장터, 진잠 장터 같은 데서 한 것이죠. 그런 농악패를 이끌던 사람으로는 공주의 김태산, 예산의 박익수, 서산의 황쇠 같은 사람들이 있었습니다. 경북 빗내농악도 장터 풍장이고, 경기도 평택농악도 장터 풍장이었어요. 이들은 걸립풍장에서 나온 예술풍장이라 할 만합니다.

손태도: 선생님 요즘도 남사당패 공연 같은 것을 본 사람들을 찾을 수 있을까요?

이걸재: 남사당패 공연은 1935년 이후 없어졌으니 연도로 볼 때 그런 사람을 찾을 수 없다고 봐야죠.

　　사당패와 같은 놀이패가 봄, 여름, 가을에 공연하며 다니다 겨울에는 한 곳에 머물며 기예도 익힌 곳이 하나 조사되었는데, 공주 신풍면 선학리입니다.

손태도: 선생님 너무 중요한 말씀들입니다. 오늘 오후에 홍성군 결성면 성남리에서 판소리의 비조(鼻祖) 최선달에 대한 조사가 있어, 그 조사를 마친 뒤 바로 선생님이 계신 곳으로 가도록 하겠습니다. 그때 뵙겠습니다.

[정리채록]

손태도: 선생님 오전에 전화 상으로 말씀해 주신 것을 다시 말씀해 주시면 되겠습니다. 그리고 선생님이 말씀하시는 것을 앞으로 다른 사람들도 그대로 볼 수 있게 비디오를 찍겠습니다.

이걸재: 제가 판소리쪽에 조사를 하게 된 것은 이 지역에서 조사한 중고제 단가들 때문입니다. 1980~1990년대 하더라도 이 지역분들이 중고제 단가들을 부르고 10분 정도의 판소리 마디소리들을 불렀습니다. 〈백발가〉,

〈부귀공명사〉 같은 단가들, 저희 부친도 의당터다지기 같은 노동요도 부르고 〈부귀공명사〉 같은 단가도 불렀습니다. 의당면의 김동구 씨, 계룡면의 심청가 중 '추월만정', 춘향가 중 '십장가'를 부른 고영환 씨, 이명수 씨 이런 분들이 계셨는데, 현재 이명수 씨만 생존해 계십니다.

중고제 단가는 장단을 이렇게 앞당겨 부르기도 하고 특이했습니다. (시범을 보여 주심)

손태도: 그때 조사된 자료들이 있겠죠?

이결재: 예 녹음 자료를 디지털화해 두었습니다.

저는 공주시 문화예술과 서기로 있었는데, 박동진 선생님이 저에게 말을 해 두면 기록되어 전해질 거라 여겨 저에게 많은 사실들을 말해 주셨습니다.

공주출신 판소리명창은 황호통입니다. 30세와 같이 늦게 판소리를 시작해 어전(御前) 명창이 되었는데요, 계룡산 꼭대기에서 소리를 하면 30리 밖까지 들려답니다.

임금 앞에서 소리를 하는 어전광대는 충청감영이 있는 이 공주에서 뽑아 올렸답니다. 공주에 악청이 있었는데 거기서 선발했다는 것이죠. 공주의 악청에 대한 박동진 선생님의 이야기는 윤회원 교수도 들었습니다.

손태도: 공주에 감영이 있었으니 악공청이 있는 것이죠. 악공청이 어디에 있었답니까?

이결재: 성 밖에 있었답니다.

손태도: 임금 앞에서 소리를 하는 것은 임금의 탄일(誕日) 같은 때 하고, 각 감영에서 광대들도 올려 보내니 공주 악공청에서 그런 일을 한 것은 이해 할 수 있는 일입니다. 그런데 판소리광대를 선발해 보내는 악공청이 충청도 광대들만 대상으로 했는지, 전국의 광대들을 대상으로 했는지 모르겠네요. '갑신완문'(1824)에 따르면 팔도재인청 도대방이 충청도 출신이었으니까요. (*이 경우 충청도 광대들만 대상으로 한 것으로 보인다

.)249)

이걸재: 그건 알 수 없습니다.

공주시 의당면 금흥동에서 장악원 관련 비석이 하나 있는데, 공주대 구중회 교수님께 사진을 보내 읽어 보시게 하니, 별 내용이 없답니다. 그냥 그와 관련된 벼슬을 했다는 정도였죠.

공주에 5만 석 갑부였던 김갑순이 있었는데, 본인 스스로 판소리 마디소리들을 할 정도였고, 판소리광대들을 많이 후원했답니다. 김갑순에 대해서는 김갑순 집의 마지막 집사였던 사람에게 많은 이야기를 들었습니다.

김갑순은 7살에 고아가 되었는데, 15세에 공주목사의 사환 노릇을 했답니다. 그때 공주목사의 기생첩이 길에서 불량배들을 만나 낭패를 당할 때 김갑순이 본인이 흠씬 두들겨 맞기는 했지만, 그 기생첩을 구해 주었답니다. 이후 공주목사의 신임을 얻어 20세 전에 세금을 거두는 일을 맡아했고, 이 일들도 잘해 나중에 아산군수, 공주군수까지 역임하게 됩니다. 한일합방 때 벼슬을 그만두고 그동안 번 돈으로 땅을 샀답니다. 공주 사람들에게 인심을 얻기 위해 많이 노력했는데, 당시 지주와 소작인과의 수익 비율이 6:4였었는데, 그는 5:5로 했답니다. 그리고 일정 양만 올리면 나머지는 소작인들이 갖게 했답니다. 그리고 그의 첫번째 부인이 훌륭했는데, 첩의 자식들까지 모두 교육을 잘 시키도록 했답니다. 그리고 '공주 근처에서 밥 굶는 사람이 있으면 모두 김갑순을 욕하게 된다'고 김갑순에게 이야기하곤 했답니다.

김갑순에게는 본처 1명과 4명의 첩이 있었는데, 그 중 세번 째 첩이 기생첩으로 판소리를 했답니다. 이런 5명의 부인들 집에 각기 사랑채가 있었답니다. 그 기생첩의 집은 지금 산성공원 안에 있었는데, 당시 100여 호가 있었답니다. 그런데 김갑순의 힘에 의해 공주장이 그 산성공원

---

249) '김종철, 「19세기 충청도 광대 도중(都中)의 존재와 그 권익 활동」, 『판소리연구』 제36집, 판소리학회, 2013. 10.'에서 충청도 광대들이 서울에 있는 좌우변 나례청에 회비를 낸 문서를 소개하고 있기 때문이다. 이 경우 이른바 팔도 재인청은 서울에 있었을 가능성이 높다.

안 마을에서 이뤄지게 했답니다. 판소리인들이 그 기생첩의 집 사랑채를 들락거렸고요. 황호통의 아들도 판소리를 했는데, 그 사랑채에 살다시피 했답니다. 황호통의 아들은 박동진보다 10살 위 사람이었는데 공주 숯검댕이 고개에 살았답니다. 그 사랑채를 출입하는 판소리광대들에 대한 김갑순의 지원도 상당했고요. 요즘으로 치면 수십만 원이 아니고 수백만 원씩 쥐어 줬답니다.

김갑순은 공주에 판소리공연장을 만들었는데, 이것이 공주극장입니다. 사랑채에 있던 판소리꾼들이 소리를 했죠. '서울 다음은 공주다' 했답니다. 서울 다음으로 공주에 극장이 만들어진 거죠. 대전, 논산에도 극장을 만들었는데, 실패했습니다. 공주에는 공연들이 많아 공연관람 문화가 있어 성공했지만, 그들 지역에는 그런 공연관람 문화가 발달되어 있지 않았기 때문이죠.

한번은 박동진 선생이 옥룡동 대추골로 차를 몰아가게 했어요. 가 보면 안다는 것이죠. 그곳에 과거 이동백의 공주 집이 있었던 거죠. 기생첩을 하나 두고 집을 얻어 있었던 거죠. 김창룡도 공주에 셋집을 얻어 살았답니다. 당시에는 1년에 쌀 두 가마 정도 주면 셋집을 얻었던 모양입니다. 이동백은 서울에도 오랫동안 있었기 때문에 이동백의 공주 집에 김창룡이 많이 들락거렸답니다.

이동백은 서천 판교가 출생지고 비인이 활동지였습니다. 한번은 같이 소리를 했는데, 서천 비인 현감이 다른 명창에게는 쌀을 두 가마 주고, 이동백에게는 쌀을 두 말 주었대요. 이동백이 분통이 터져 쌀을 독에 넣고 비인 관아 앞에 놓고 깨뜨렸답니다. (웃음)

김갑순은 해방 후에도 부(富)를 유지했습니다.

손태도: 해방 후에도 판소리를 후원했나요?

이걸재: 해방 후에는 하지 않았습니다.

김갑순이 공주에서 인심을 잃은 것은 해방 후 공산정 나루의 길이 30m 정도의 나룻배를 사려고 했을 때부터입니다. 배 주인이 끝내 배를 팔지 않자 작은 배들을 죽 이어 배다리를 만들고 그 곳을 건너는 삯을 받았어요. 그때부터 인심을 잃기 시작했습니다. 그리고 해방 후 김갑순이 아들을 제헌의원에 내보내려 했으나 실패했습니다. 또 아들을 민의원, 손자를 참의원에 내보내려 했으나 모두 실패했습니다. 투표에 진 거죠. 공주 사람들의 민심이 김갑순을 떠난 것입니다. 김갑순은 일제강점기 이른바 사업꾼으로 사실 친일파였습니다. 그 이름을 해방 후 자식들을 앞세워 씻으려 했는데, 실패한 것이죠. 그래도 홍성으로 갈 공주고등학교를 공주에 두게 하는 등 지역에서 그래도 나름 영향력을 과시했습니다.

해방 후 토지개혁 때 김갑순의 5만 석 토지들이 모두 흩어집니다. 그리고 그 토지 처리 후의 돈으로 공주 시내에 대지(垈地)들을 샀는데, 자식들 간의 재산 다툼이 심했답니다. '나도 김갑순의 아들이다'란 사람들도 나서고요. 김갑순 사후 아들들은 모두 공주를 떠났습니다. 손자 사위 한 명 정도만 남고요.

손태도: 선생님 요즘도 과거 남사당패 공연 같은 것을 본 사람들을 찾을 수 있을까요?

이걸재: 남사당패의 활동은 사실상 1930년대에 끝났으니 거의 불가능하다 봐야죠. 저는 1989년에 조사를 시작했는데, 그때도 운이 좋아야 그런 놀이패를 본 사람들을 조사할 수 있었죠.

그런 놀이패가 충청도에 한 단체가 있었던 것 같은데, 봄, 여름, 가을은 공연을 다니다 겨울에는 한 마을에 모여 있으며 기예도 익히곤 했습니다. 공주시 신풍면 선학리에 현재 '지게놀이'가 있는 마을인데요, 남녀 10~20명이 겨울을 났답니다.

손태도: 어떤 놀이종목들을 갖고 있었데요?

이걸재: 버나, 땅재주…, 소리도 많이 했답니다. 그렇게 겨울을 나고 동네 사람들을 위해 한 바탕 공연도 했답니다.

손태도: 버나, 땅재주를 했다면, 남사당패 같기도 하고, 남녀가 같이 있었으니 사

당패 같기도 하네요.

이걸재: 여기서는 그냥 '놀이패'라고 합니다.

버나, 땅재주, 12발 상모, 재담, 해적(해금)쟁이 등이 있고 풍물보다 소리 중심이었답니다.

우성면 어천리에서 그런 놀이패를 본 사람들이 있었죠.

손태도: 사당패는 1920년대에 없어졌을 텐데요.

이걸재: 충남 마곡사 아래 우남리에서 김포에서 온 절걸립패가 공연을 하곤 했답니다. 그러면 마곡사에서 크게 시주를 했답니다. 그 절걸립패는 경남 해인사까지 가서 공연을 했답니다. 그 김포에서 오는 절걸립패에 최향래란 승려가 있었는데, 그 사람이 이곳 우성면 단지리의 농악을 가르치게 됩니다. 단지리는 두레가 세었으나 두레풍장은 약했어요. 이를테면 도천리보다 약했다는 것이죠. 그래서 단지리 사람들이 김포 절걸립패 소속으로 평택에서도 활동하곤 했던 최향래를 공주로 모셨어요. 작은 암자를 하나 지어 주고 공주에서 풍물을 가르치게 한 거죠. 그 결과 해방 후 우성면 젊은이들이 1946년에 있었던 공주군 풍장대회에 출전하기도 했습니다.

최향래에게 풍물을 배운 사람이 김태산입니다. 최향래가 상쇠를 할 때 김태산은 3쇠를 맡아했습니다. 서울에서 이원보(*남사당패에 '이원보 행중'이 있었음)가 그 아들과 함께 내려와 최향래에게 풍물을 배워 갔습니다. 또 김태산에게 송순갑이 배우기도 했고요. 송순갑은 의당면 수촌리 김태산의 집에 들어가 살기도 했어요. 송순갑은 법고와 재주부리기를 했습니다. 이들은 검당동 풍물로 정월과 백중이면 시장을 돌아다니며 고사풍물을 쳐 주었어요. 굉장히 수입을 잡는 풍물들이었죠. 이러한 고사풍물 외에 수촌리장터에서 일반인들을 상대로 풍장을 쳤어요. 수촌리장, 공주장, 계룡 경천장, 정안 광정장 등 4곳에 이런 장터풍장을 쳤어요. 유구장, 천안 직산장, 평택 안중장 등에도 장터풍장이 있었고요.

김태산, 송순갑에 의한 장터풍장은 1956·1957년에 시작되었다가 1970년에 들어서는 더 이상 흥행이 되지 않았습니다. 70년대에 들어 김태산이 부자들의 협찬을 받아 다시 해 보기도 했지만 실패합니다.

손태도: 시장에 포장 같은 것을 치고 하나요?

이걸재: 그냥 했어요. 그냥 하는 것을 보고 재주가 뛰어나면 돈들을 내곤 한 것이죠.

김태산의 장터풍장은 그 기예 수준이 높습니다. 다섯 개의 악기잽이들(쇠, 징, 장구, 북, 소고)이 다른 악기잽이의 어깨 위에 올라가 악기를 연주하기도 했습니다. 아래, 위의 사람들이 모두 악기를 연주하죠. 상쇠는 어깨들 위로 걸어다니며 연주를 했고요. 그렇게 빙 둘러서서 연주하면 가운데에 역시 징잽이 어깨 위에 올라간 12발 상모잽이가 12발 상모를 돌리죠.

손태도: 세 명이 무동을 서는 셈인가요?

이걸재: 아뇨. 두 동들만 섰습니다.

무동은 요즘처럼 발목에 천을 감고 아래 사람이 잡고 그런 것이 없었습니다. 그냥 어깨 위에 올라섰고, 어깨와 머리 위로 오르내리며 무동을 탔어요. 악기잽이들 위에 올라선 다른 악기잽이들도 위에서 악기를 연주하지 않을 때는 그렇게 어깨에서 머리로 오르내렸어요. 그런데 요즘은 이런 것들이 모두 없어졌습니다.

요즘 풍물을 하는 젊은이들에게 최소한 징잽이 어깨 위에서 12발 상모를 돌리는 것이라도 하자고 김태산이 가르쳐 봤는데, 안되더라고요. 징잽이가 앉아 있으면, 허벅지를 밟고 어깨 위에 올라가고, 징잽이가 일어서는 것인데, 그것이 안되더라고요.

장터풍장에는 공주의 김태산 외에도 예산의 박익수, 옥천의 김덕수(*사물놀이 창시자)의 작은 아버지(*김덕수의 부친 김문학은 이걸재 님의 말씀에 따르면 일찍 작고했다 한다), 서산의 황쇠 등이 있었습니다. 예산에서는 덕산장, 예산장에서 놀았고, 옥천에서는 옥천장, 대전

진잠장, 연기장, 대평장, 유성장, 청주장에서 놀았어요. 이 중 김태산 은 절걸립패 풍물을 이은 것이고, 옥천은 그 곳에서 절걸립패가 하나 있어서 절걸립패에서 나온 것 같은데 그 지역 주민들은 그 지역에서 성 립된 것이라고 하여 약간 애매합니다. 김덕수의 작은 아버지가 판제를 아주 잘 짜곤 했답니다.

손태도: 지역주민들은 자기 지역에서 자생적으로 생긴 것으로 말하려고 하는 마 음들이 있죠.

이걸재: 예산 박익수의 경우는 그 지역 풍장으로만 한 것인데, 예술성이 상대적 으로 떨어졌습니다. 서산 황쇠의 경우는 서울 남사당풍물을 배워 한 것 이고요.

　　　이런 지역 농악인들에 의한 한때의 장터풍장을 알아둘 필요가 있어요. 경북의 빗내농악도 이런 장터풍장이잖아요.

손태도: 빗내농악은 그 지역 수다사(水多寺)의 승려 정재진에게서 나온 것이니, 절걸립패에서 나온 것으로 볼 수 있겠네요.

이걸재: 광복농악이란 것도 있었습니다. 1945년 8월 15일 해방이 되었을 때, 의 당면 10개 마을 중 7개 마을 농악패들이 모두 모여 의당면 면사무소 앞 에서 농악을 쳤어요. 그 때 김태산이 상쇠를 맡았습니다. 16일에 공주장 에서 농악이 이뤄졌고요. 17일에는 의당초등학교에서 농악이 이뤄졌습 니다. 정안에는 19일 정안 고수부지에서 이뤄졌어요. 광복농악도 조사 할 필요가 있어요.

손태도: 그런 전국적인 광복농악의 연장선상에서 1946년에 서울 창경원에서 전 국농악대회가 열렸는지 모르겠네요.

　　　선생님에 의해 장터풍장, 광복농악 같은 게 조사되었네요. 중요한 사 실들을 조사해 밝히신 것이죠.

　　　오랫동안 조사연구하신 것들을 이렇게 배우게 되어 너무 감사합 니다.

(선생님은 단독 혹은 공동으로 지은 『공주의 소리』(공주문화원), 『예산의 소리』(예산문화원), 『공주 의당집터다지기』(공주문화원), 『광정 강다리기』(그래픽시선) 등을 소개해 주셨다.)

(저녁 식사 때 식당에서 다음과 같은 이야기들도 나눴다.)

손태도: 선생님 공주지역 농악에는 잡색들로 어떤 것들이 있는지요?

이걸재: 김태산의 경우에는 가짜양반, 여장남자 정도만 있었습니다. 풍물패에 잡색이 많은 것은 풍물의 수준을 떨어뜨리는 것으로 본 것 같습니다. 그 외 다른 지역 농악에는 거지나 꼽사가 들어가기도 하고요.

손태도: 가면을 썼습니까?

이걸재: 가면은 쓰지 않았습니다. 가면의 경우 띠탈을 쓰는 경우가 있습니다. 그 해에 맞는 쥐, 소, 범 같은 12띠 동물탈 말이죠. 쥐해면 쥐 가면을 쓴 잡색을 앞세우고 풍장을 치는 것이죠.

이걸재 님(1956년생, 66세)(2차)
　; 공주지역 민속연구가

일시: 2021. 4. 8.
장소: 충남 공주시 의당면 '의당터다지기소리' 보존회 사무실
동반자: 임장묵(1981년생. '공주농악' 12발 상모 예능자)
조사자: 필자　채록자: 필자　자료보존: 녹화

[정리채록]
이걸재: 무엇을 제일 알고 싶나요?

손태도: 남사당패의 원래 공연 종목들을 알고 싶습니다. 땅재주는 송순갑 선생님
　　　　이 남사당에 가져가신 거고요. 줄타기는 원래 했답니까?

이걸재: 있었는데, 1937년 이후 끊어졌던 것 같습니다. 그래서 동춘서커스에서
　　　　줄타기하던 사람을 동원한 것이죠.

손태도: 원래 있기는 있었던 모양이죠.

이걸재: 그 남사당 분들이 증언했을 테죠. 당시 한 두 명이 모인 것이 아니잖아
　　　　요.

　　　　남사당은 1937년까지 있다가 나중에 복원되었으니, 1938∼1956년간
　　　　17년간이 공백입니다. 말하자면 20대의 나이들이 40대의 나이가 될 정
　　　　도죠. 상당히 긴 공백이죠.

　　　　평택의 최상쇠…….

손태도: 최은창 선생님을 말씀하시나요?

이걸재: 최은창 씨 말고 최상쇠란 사람이 있었던 모양입니다. 이 분이 송순갑
　　　　선생님의 꽹과리를 우습게 여겼던 모양입니다.

　　　　풍물패에는 솟대쟁이패, 걸립패, 장터풍장패 세 가지가 있습니다. 장
　　　　터풍장패는 해방 이후 성립된 것입니다. 솟대쟁이패는 무속적 요소가
　　　　있었습니다. 부여 은산의 솟대쟁이에 송순갑 선생님이 제일 먼저 들어
　　　　갔죠. 이 패는 신점(神占)을 치고, 제웅을 만들어 액도 물립니다. 그러면

많은 돈을 벌 수 있죠. 신을 불러서 놀고 하는 굿쟁이의 축원말과 풍물패의 고사축원말과는 많이 다르죠.

이광수의 비나리는 김복섭 씨의 것입니다. 거기다 이광수 씨가 자기 나름의 것을 좀 더 한 거죠.

임장묵: 김복섭 선생님은 공주 분이신데, 화주 노릇 같은 것을 하셨데요. 장구도 잘 치셨고, 꽹과리도 하셨데요. 요즘 김복섭 선생님 기념사업을 좀 시작하고 있습니다.

이걸재: 고사덕담을 하려면 꽹과리를 쳐야 하니까.

손태도: 솟대쟁이니까 솟대를 타는 것이 주된 것이 아니겠습니까?

이걸재: 은산의 솟대쟁이는 솟대를 타지는 않고, 풍물을 주로 했습니다.

손태도: 진주 이우문이패가 솟대쟁이 아닌가요?

이걸재: 그것말고 은산에 솟대쟁이패가 있었어요. 송순갑 선생님이 당시 누구, 누구에게 배웠다고 했죠.

결립패는 김포와 옥천 두 곳에 있었습니다. 김포에 풍물이 대단했다는데, 그 지역 분들은 이에 대한 조사연구를 하지 않고 있죠. 오석민 씨라고 충남역사연구원에 있던 분이 1934년 당시 일본의 무형문화재와 조선의 이른바 무형문화재가 교류할 때, 조선의 대표적 풍물단이 김포에 있었다는 사실을 밝힌 적이 있습니다. 이것은 김포에 있었던 결립패와 관계되는 사실인 것 같습니다.

김포의 결립패에 행승(行僧. 처자식을 둔 승려)인 최향래 씨가 있었는데, 김포에 있던 분인데, 평택에서도 활동하시고요. 그 분을 공주 우성면 단지리 주민들이 단지리에 절도 지어 주며 모셔서 풍물을 배웠어요. 단지리에 오씨들 양반들이 있었는데, 그 마을 두레농악이 약해서 이웃마을에 항상 지니까, 이 분을 모셔 풍물을 배운 거죠. 이 최향래 씨 밑에서 김태산도 배웠습니다. 또 이 김태산이 수촌리에 살 때, 송순갑, 이원보가 이 김태산에게서 배웠습니다. 이원보는 원래 남사당을 하다 그만두고 1938년 당시 30대 정도의 나이였는데, 1954~1956년 3

년간 가을에 와서 봄까지 아들과 함께 와서 배웠습니다. 심우성 선생님이 서울에서 남사당을 재건할 때 이 김태산, 송순갑, 이원보를 모두 불렀는데, 김태산은 끝까지 공주에 있겠다고 하며 안 올라갔죠. 심우성 선생님이 김태산 아들 결혼식 때 주례도 써 주는 등 서로 관계가 있었는데, 김태산이 끝까지 안 올라오자 섭섭하게 생각했답니다. 심우성 선생님은 율정리가 본가로 수촌리와 가깝거든요.

이원보는 용인남사당도 성립시킵니다. 지금 문진수라고 용인남사당을 이어가는 사람이 있습니다. 이원보 씨의 아들을 찾으면 좋을 텐데요. 용인에 가서 찾아보면 찾을 수 있을 겁니다.

손태도: 그 최향래 씨를 위해 지어 주었다는 암자가 아직 있나요?

이걸재: 있죠. 단지리에 가서 물어 보면 알려 줍니다. 최향래 씨의 아들도 아직 있습니다.

옥천의 걸립패는 김덕수 씨 작은아버지네패인데요, 나중에 '중앙농악단'이란 이름을 갖게 됩니다.

김태산의 장터풍물패는 공주 경천장, 공주장, 수촌장, 광정장, 유구장(가끔) 등에서 쳤는데, 날마다 치며 1970년대까지 했죠. 60년대 들어 영화도 나오고 가요도 나오고 하면서 쇠퇴했죠.

김덕수 씨 아버지는 북을 쳤답니다. 김덕수 씨 작은아버지패는 청주, 평택, 논산, 은산 등에서 걸립을 하고, 세종시 조치원장, 유성장, 대덕 진잠장, 대전역 대전장 등에서 장터풍물을 쳤어요. 서산의 박익수는 덕산장, 예산장에서 쳤는데, 자신의 고향인 삽교 석리에서는 치지 않았죠. 서산의 황쇠란 사람은 서산장에서 쳤는데, 초청되어 불려가 공연하는 패로 유명했어요.

장터풍물은 칠석 전 장(場), 정월대보름 전 장(場) 등 1년에 두 번씩의 큰 대목들이 있었죠.

손태도: 선생님, 신풍면 선학리에 지금 가도 옛날 놀이패가 겨울을 나곤 했던 것을 조사할 수 있을까요?

이걸재: 조사가 안 될 것입니다.

손태도: 그 놀이패들의 공연 종목들은 어떤 것이었나요?

이걸재: 풍물, 버나, 소리, 재담, 땅재주 등이죠. 남녀 17~20명 정도였대요.

손태도: 사당패로 봐야 할지, 남사당패로 봐야 할지.

이걸재: 사당패로 봐야 할 것 같아요.

　　　　나무를 해서 갖다 팔기도 하고……겨울을 나고, 봄에 공연을 나가며, '우리집 잘 지켜 달라'고 부탁하며, 공연 나가기 전에 동네 주민들을 위해 한바탕 공연하고 나가곤 했다는 거죠. 이런 사당패가 그 곳 한 곳에서만 조사되었습니다. 사당패가 남사당패보다 일찍 없어졌기 때문이죠.

손태도: 사당패로 봐야 할지, 남사당패로 봐야 할지.

이걸재: 사당패로 봐야죠. 남사당패의 '남'자(字)로 들어가면 공연 수준이 좀 떨어지거든요.

손태도: 사당패가 풍물도 할 수 있을까요?

이걸재: 충청도에서는 사당패가 풍물을 가졌다고 봐야 해요. 장터나 이런 데서 공연하는데, 풍물이 없으면 공연 자체를 시작할 수 없잖아요.

손태도: 선소리산타령과 염불이 사당패의 공연 종목이지 않아요?

이걸재: 황해도의 서도 사당패는 그럴 수 있어요. 그렇지만 충청도에는 사당패라도 풍물이 없으면 공연을 시작할 수 없다고 봐야죠.

손태도: 남사당패가 원래 줄타기도 했을까요?

이걸재: 했는데, 1937년부터 전승이 끊어져, 나중에 복원할 때 동춘서커스단의 줄타기를 동원한 거죠. 그래서 줄타기 보유자는 두지 않은 거죠. 내적으로 그런 사정을 알고 있으니까요.

임장묵: 심우성 선생님이 요술인 '얼른'을 복원 못하신 것을 안타까워 하시던 것을 본 적 있습니다. 송순갑 선생님이 그걸 하셨는데, 입이나 똥꼬로 색종이를 계속 뽑아내는 것 같은 거였죠.

손태도: 남사당패 공연 종목에 그런 '얼른'이 있었네요.

　　　　'발탈'은요?

임장묵: 2001~2002년 '아시안 1인극제' 행사 때 만든 팸플릿에 '발탈' 프로그램에는 남사당 공연 종목이었다고 설명을 다셨어요.

손태도: 남사당의 발탈 공연을 본 주민들이 있으니까요.

이걸재: 학교에서 농악을 가르칠 때, 농악가락만 가르치는데, 그렇게만 해서는 안 되죠. 농악에는 마을농악과 예술농악이 있습니다. 마을농악은 두레 곧 농청 같은 것과 관련되죠. 마을농악에는 또 고사농악(신을 모시고 하니 젊잖음), 일농악, 연희농악(놀 때) 등이 있습니다. 예술농악에는 솟대쟁이, 걸립농악, 장터농악 3가지가 있고요. 경북 빗내농악도 장터농악이잖아요. 농악기도 과거에는 지역에 따라 달랐죠. 경상도서는 북이 많고, 전라도에서는 장구가 중요하고, 충청도에서는 쇠를 중시합니다. 강원도서는 5무동, 3무동 등 무동놀이를 중시하고요.

손태도: 오늘도 선생님이 수십 년간 조사하신 것을 저는 간단히 잘 배웠습니다. 감사합니다.

김용래 님(1939년생, 83세)
; 국가 무형문화재 제11호-나 '평택농악' 보유자

일시: 2021. 4. 25(일).
장소: 경기도 평택시 평택읍 평궁리 자택
조사자: 필자   채록자: 필자   자료보존: 녹음

[정리채록]

손태도: 선생님, 보존회에 연락했더니, 오늘 총연습을 마치고 술도 한잔하셨서 다음에 뵈라고 했지만, 한두 가지만 꼭 여쭤보려고 이렇게 왔습니다. 이렇게 말씀을 들을 수 있게 해 주셔서 감사합니다.

김용래: 전에 본 사람이네요.

손태도: 오래전에 이보형 선생님, 김영운 선생님이 평택농악 이수자 심사를 할 때 저도 공부하려고 따라와 뵌 적이 있습니다. 선생님은 모르시겠지만, 저는 그 때 선생님을 뵀었습니다.

　　제가 공부하다가 궁금했던 한두 가지만 여쭤보겠습니다.

　　어려셨을 때 난장에서의 풍물을 보셨더라고요.

김용래: 제가 쌍용동 방추골에서 살 때, 봉용동 다리 아래 냇가에 난장이 서고 그 곳에서 풍물이 이뤄졌어요.

손태도: 아, 원래의 장터가 아니라 그런 냇가 같은 데서 난장이 이뤄졌네요.

김용래: 가마니들을 둘러 포장을 한 그 곳에서 풍물을 치는데, 가마니를 뚫고 들어가다 걸려 뚜드려맞았죠.[250]

　　용덕동으로 이사해 살 때,[251] 신방동에 머슴 노릇을 하며 살던, 어머님

---

250) "김용래는 1939년 4월 19일 충남 천안시 쌍용동 299번지 태생으로, 13세에 웃다리지역에서 활동하기 시작했다. (어린 시절 동네 어르신들께서 난장을 하던 모습을 늘 보아왔다. 그 시절에 난장을 할 때는 표를 팔았다고 한다. 어린 마음에 보고는 싶었으나 표 살 돈이 없어서 짚으로 엮은 가마니를 가로막고 구멍 뚫어 어르신들 몰래 훔쳐보기도 하였다……) 10세 되던 해부터 동네 난장패의 뒤를 따라다니면 풍물굿을 시작했다." 김정아, 「웃다리 평택풍물 교육과정 연구」, 단국대 석사논문, 2011, 8~9쪽.

251) "13세 때 쌍용동에서 용곡동으로 이사한 후 이웃동네에 사는 먼 친척이 농악을 권유하여 난장패에 사미로

외사촌의 형부 되는 분의 권유로 무동, 사미 역할을 해 봤습니다. 밥을 얻어 먹을 수 있다고 했습니다. 동네 부잣집 넓은 마당에서 밤에 솜방망이로 불을 켜 놓고 연습하는데, 3동을 세운 거예요. 무서워 혼났죠.

손태도: 그런 난장 풍물 같은 것이 굉장히 중요한데요.

김용래: 그렇죠.

손태도: 선생님, 조사된 자료를 보면,[252] 17세에 송탄으로 가서 걸립패에 참가하고, 이후 남사당패에서도 활동한 것으로 되어 있습니다.

김용래: 송탄에 송복산(혹은 송창선)이라고 호적(쇄납)을 잘 부는 사람이 있었어요.

　걸립패는 목적이 있는데, 남사당패는 목적이 없어요. 사실상 거지예요. 이 집, 저 집에 가서 밥을 얻어먹고요. 미쳤어요.

손태도: 공연 그것에만 빠져.

김용래: 얼마든지 집으로 갈 수 있었는데, 왜 그렇게 거지같은 남사당패를 하며 돌아다녔는지 모르겠어요. 제 나이 한 삼십이 되었어야 그게 그렇게 말도 안 된다는 것을 비로소 깨달았어요.

손태도: 그렇게 공연하면, 말하자면, 공연료 같은 것이 없었나요?

김용래: 그런 것 없죠. 저는 무동을 하고 나중에는 상모도 돌렸어요. 무동을 하며 관객들에게 '과자돈, 과자돈' 하면 몇 푼씩 주죠. 그걸 속옷에다 비밀 주머니를 만들어 챙겨 둡니다. 어릴 때지만 그래도 집에 갈 때 차비로 쓰려고요. 그걸 알고 송순갑 씨(1912~2001)가 공연이 끝난 뒤 나보고 막걸리 사 오라고. 안 사올 수도 없고.

손태도: 그 남사당패는 어떤 패인가요?

김용래: 남운용 씨 패죠. 15·16세 때 1년에 한 달이면 한 달, 두 달이며 두 달, 다섯 달이며 다섯 달 5·6년 정도 다녔죠. 전라도를 빼고 다 다녔습니다.

손태도: 강원도도 갔습니까?

들어가 처음으로 농악을 시작했다." 위의 논문, 9쪽.

252) '김정아, 「웃다리 평택풍물 교육과정 연구」, 단국대 석사논문, 2011, 8~11쪽'을 말한다.

김용래: 강원도도 많이 갔죠.

손태도: 공연 종목들은 어떤 것이었습니까?

김용래: 풍물부터 쳐서 동네 사람들에게 실력을 보여 주잖아요. 그리고 버나. 버나는 남사당패만 하는 거예요. 다른 공연패는 못 해요. 그리고 땅재주.

손태도: 땅재주는 누가 했나요?

김용래: 송순갑 씨.

손태도: 아, 송순갑 씨가 남사당패에서 활동하기도 했으니, 그렇겠네요. 인형극은요?

김용래: 인형극이 남사당패의 주된 공연물이잖아요.

손태도: 줄타기는요?

김용래: 조송자 씨(여)가 탔죠. 매번 타는 것이 아니고, 큰 공연이 있을 때 1년에 한 번 정도 탔어요. 줄타기를 하려면 장소도 확보되어야 하고 장비도 필요하잖아요.

손태도: 선생님이 무동하실 때, 복장은 어땠나요?

김용래: 치마저고리 입고, 머리에는 흩수건을 썼죠. 저는 무동을 하다 나중에는 상모도 돌렸어요.

손태도: 선생님은 상모 명인이시니까요.

김용래: 농번기인 여름 때(음력 5·6월)만 쉬고, 봄부터 여름까지, 또 추석 때부터 봄까지 다녔죠.

　걸립패(*절걸립패)에는 무동이 없습니다. 숫자를 줄여야 하거든요.

손태도: 걸립패는 10명 내외 정도.

김용래: 김덕수는 4살 때부터 무동을 했는데, 잘하더라고요. 아버지 김문학 씨는 북을 치고요.

　남사당패를 절에서 내려온 사람들로 여겨 마을 이장이 기독교인 같은 경우에는 못 들어갔죠. (슬픈 표정을 지으심)

손태도: 마을의 동네마당 같은 데서 공연하면 몇 시간 정도 하는가요?

김용래: 한 시간 삼십 분에서 두 시간 정도 하죠. 끝난 뒤에 막걸리 한잔 하고요.

손태도: 포장 같은 것을 치고 입장료를 받으며 공연하신 적은 없나요?

김용래: 저는 그런 것은 못 해 봤습니다.

송순갑 씨도 별도로 공연단을 꾸려 많이 다녔어요. 그때가 송순갑 씨 나이가 사십 안쪽일 때죠.

손태도: 그것은 남사당은 아니죠.

김용래: 그렇죠. 그냥 공연단이죠. 사람들이 갈 데가 없으니까 공연단을 한번 만들어 놓으면 해체하기가 힘듭니다. 송순갑 씨도 그런 적이 많았죠.

저는 4대 독자입니다. 한번은 조치원의 한 냇가에서 상모를 노는데, 작은 조모님이 어떻게 저를 봤던 모양입니다. 진위에서 거기까지 40리 길인데, 평소 나들이를 잘 안 하시는 분이신데, 그 곳에 어떻게 오셨는지……. 나중에 6촌들이 할머니가 '이제 집안 망했다'고 말씀하셨다고 말해 주더라고요.

손태도: 조치원에서의 공연은 남사당패 공연이었나요?

김용래: 다리 하나를 두고 충북으로 가는 곳인데, 냇가에서 무슨 농악대회 준비할 때였습니다.

1990년에는 남사당패에서 불러 외국의 여러 나라들에 공연하고 왔는데, 돌아올 때 1,800불(2백만 원 정도).

손태도: 그 당시면 큰돈이죠. 해외도 나가 보시고 말이에요.

김용래: 이후부터는 평택농악에만 전념해 왔습니다. 보유자 후보도 되고, 보유자도 되고.

손태도: 선생님, 오늘 말씀 감사합니다. 쉬셔야 되는데, 저는 또 말씀을 꼭 들어야 해서 이렇게 억지로까지 집에 와서 말씀을 들었습니다. 다음에 한가하실 때 또 와서 말씀을 듣겠습니다.

김용래: 수고하셨습니다.

(다음 날 전화로 다시 여쭤봄)

손태도: 선생님, 어제 뵀던 손태도입니다. 몇 가지 말씀을 더 들으려고 이렇게

전화를 드립니다.

선생님, 남사당패가 왜 전라도쪽에는 가지 않았나요?

김용래: 제가 있을 때는 가지 않았다는 것이죠. 금산, 무주까지는 가 봤습니다.

손태도: 아, 남사당패가 아예 그 곳을 가지 않은 것이 아니고, 선생님이 남사당
  에 있을 때는 그 곳에 가 보지 못했다는 것이군요.

김용래: 그렇죠.

손태도: 선생님, 남사당패에서 노래 같은 것은 부르지 않았습니까?

김용래: 조송자 씨가 줄에서 내려와 노래를 부르기도 했던 모양인데, 줄을 타는
  것만 봤지, 노래 같은 것을 부르는 것을 제가 직접 보지는 못했습니다.

손태도: 아, 예, 감사합니다. 선생님 건강하세요.

찾아보기

ㄱ

거ᄉ노름 30
거사 12, 19, 37, 68, 121
거사(去四) 27
거사(居士) 49
걸궁 52
걸궁패 87
걸립패 21, 96
걸사(乞士) 29, 40
경복궁 9, 19, 28, 29
경복궁영건가(景福宮營建歌) 30
경복궁타령 33
계간(鷄姦) 11
곡마단 89, 103
곰뱅이 95
곰재주 86
공주 선학리 107
공주 신풍면 선학리 161
공주극장 101, 160, 164
공주시 신풍면 선학리 165
관우희 22
광대집단 23, 75
광복농악 168
광성극단 103
교방가요(敎坊歌謠) 40
구리시 아천동 우미내 마을 128
군기(軍器) 45, 46
권원태 127
금고(金鼓) 45
금곡리 82
금당도 42
괴ᄉ픠 30
김갑순 101, 160, 163
김경옥 12, 43
김금순 81

김덕수 172, 177
김덕순 80
김명곤 42
김복섭 65, 171
김봉업 75, 79
김숙자 80
김용래 175
김재원 86, 95, 96
김정순 157
김창룡 160
김태산 166, 171
김태삼 76
꼭두각시 73
꽃나부 89

ㄴ

나기(儺技) 20, 27, 66
나기(儺技)패 20
난장 175
남기문 89
남사당 3, 37, 47, 52, 116
남사당 행중 100
남사당(男士黨) 43
남사당(男社堂) 50
남사당노래 55
남사당 연작시 15
남사당패 10, 37, 53, 54, 65, 87, 93, 104, 176
남사당패 연구 10
남사당패의 〈선소리〉 16
남운룡 61, 64, 80, 114
남협률사 41
남형우 79
낭걸립 66, 98
낭걸립패 97